에 메
세 제 르
선 집

3

귀 향
수 첩

에메 세제르 Aimé Césaire, 1913~2008 | 1913년 카리브 해의 마르티니크 섬에서 태어나 2008년에 사망. 1931년에 프랑스로 유학을 갔으며, 1934년 레옹 다마(Léon Damas), 레오폴 상고르(Léopold Sédar Senghor) 등과 함께 저널 『흑인 학생』(L'Étudiant noir)을 창간한다. 1937년부터 『열대』(Tropiques)의 편집을 맡으며 본격적인 시창작 활동을 전개하고, 그 결과로 『귀향 수첩』(Cahier d'un retour au pays natal, 1939)과 『놀라운 무기들』(Les armes miraculeuses, 1946)을 출간한다. 이후 『식민주의에 대한 담론』(Discours sur le colonialisme, 1955), 『어떤 태풍』(Une tempête, 1969)을 출간하며 아프리카 탈식민주의의 거장으로 거듭난다. 프란츠 파농(Frantz Fanon), 에두아르 글리상(Édouard Glissant) 등과 지적 교류를 나누었고, 프랑스 공산당(PCF)과 마르티니크 진보당(PPM)에서 정치활동을 전개했다.

옮긴이 이석호 | 원광대학교 학술연구교수를 역임했으며, 현재 (사)아프리카문화연구소 소장, 아시아/아프리카/라틴아메리카 문학포럼 집행위원, 국제게릴라극단 상임 연출자로 활동하고 있다.

Cahier d'un retour au pays natal by Aimé Césaire
Copyright © Éditions Présence Africaine 1956
All Rights Reserved.
Korean translation copyright © Greenbee Publishing Company, 2011
This Korean edition is published by arrangement with
Éditions Présence Africaine through Milkwood Agency Co.

귀향 수첩 에메 세제르 선집 3

초판 1쇄 발행 _ 2011년 7월 10일

지은이 · 에메 세제르 | 옮긴이 · 이석호
펴낸이 · 유재건 | 펴낸곳 · (주)그린비출판사 | 등록번호 제313-1990-32호
주소 · 서울시 마포구 동교동 201-18 달리빌딩 2층 | 전화 · 702-2717 | 팩스 · 703-0272

ISBN 978-89-7682-129-4 04800   ISBN 978-89-7682-126-3(세트)
이 도서의 국립중앙도서관 출판시도서목록(CIP)은 e-CIP 홈페이지(http://www.nl.go.kr/ecip)와
국가자료공동목록시스템(http://www.nl.go.kr/kolisnet)에서 이용하실 수 있습니다.
(CIP제어번호: 2011002532)

이 책의 한국어판 저작권은 밀크우드 에이전시를 통해 저작권자와 독점계약한
(주)그린비출판사에 있습니다. 저작권법에 의해 한국 내에서 보호를 받는 저작물이므로
무단전재와 무단복제를 금합니다.
책값은 뒤표지에 있습니다. 잘못 만들어진 책은 서점에서 바꿔 드립니다.

그린비출판사 나를 바꾸는 책, 세상을 바꾸는 책
홈페이지 · www.greenbee.co.kr | 전자우편 · editor@greenbee.co.kr

에메
세제르
선집

3

Aimé Césaire
Cahier d'un retour au pays natal

에메 세제르 지음
이석호 옮김

귀향
수첩

B
그린비

| 차례 |

귀향 수첩 · 7
옮긴이 해제 · 74

| 일러두기 |

1 번역본은 프랑스어판(*Cahier d'un retour au pays natal*, Éditions Présence Africaine, 1956)을 기준으로 하되, 주로 영어판(*Notebook of a Return to the Native Land*, Wesleyan, 2001)을 이용했다.
2 본문의 모든 주는 옮긴이 주이다.
3 단행본·정기간행물에는 겹낫표(『 』)를, 논문·단편에는 낫표(「 」)를 사용했다.
4 외국 인명이나 지명, 작품명은 2002년 국립국어원에서 펴낸 외래어표기법을 따랐다.

귀향
수첩

자시子時가 끝나 갈 즈음에…….

나는 외쳤다. 꺼져라, 돼지 같은 짭새야! 나는 제복 입은 절도와 낚시고리 같은 희망을 증오한다. 꺼져라, 그리그리[1]야! 수도승의 좀벌레야. 나는 꿈을 꾸기 시작했다. 그와, 그리고 거짓부렁을 일삼는 한 아낙의 얼굴보다 더 침착한 그가 잃어버린 망자들의 낙원에 대해. 꼬리에 꼬리를 무는 사념에 잠긴 채, 나는 바람의 꿀을 먹고 마수들을 놓아주며 야생 비둘기가 구구거리는 듯한 강물 소리를 들었다. 사바나의 클로버가 불행의 저편으로 솟아오르는 소리도 들었다. 이십 층 높이의 깊이로 내 가슴속을 쓸어내리는 강물. 발정 난 태양을 밤낮으로 따라다니는 부패한 노을로부터 나를 지켜 주는 강물.

자시가 끝나 갈 즈음에 아슬하게 몸을 추스린 차들이 장터로 향했다. 굶주리고, 천연두 딱지가 닥지닥지 내려앉은, 술에 절은 서인도제도

---

[1] 그리그리(grigri): 나이지리아의 하우사(Hausa)인들을 비롯해 서아프리카인들이 즐겨 사용하는 부적.

인들. 돌다 돌다 떠돌다 이 부두의 진창에, 이 도시의 속진에 좌초한, 속절없이 가라앉은, 서인도제도인들.

자시가 끝나 갈 즈음에. 바다의 상처 위에 내려앉은 마지막, 거짓 같은 비애의 딱지. 최후의 순간을 고독하게 홀로 맞는 순교자. 수다쟁이 앵무새의 고명^{告明}처럼 하릴없는 바람에 지는 핏빛 꽃잎. 한 촌로의 배은망덕한 미소와 망연자실 벌어진 입술. 태양 아래에서 말없이 썩어 가는 낯익은 처참함. 살아가야 할 이유의 막다른 골목에서 건성 여드름이 깨뜨리는 오래된 침묵.

자시가 끝나 갈 즈음에. 언제 허물어질지 모르는 지층 위로 끝없이 이어지는 꿈과 무심히 깨어나는 잠은 미구^{未久}에 펼쳐질 미래의 장관 앞에 낯을 붉힌 지 오래. 화산은 폭발하고 헐벗은 대양은 태양이 여물게 한 녹 찌꺼기들을 휩쓸어 갈 것이다. 거기 해조^{海鳥}가 쪼아 대는, 굳어 가는 비등점을 제외하고는 아무것도 남지 않을 때까지.

자시가 끝나 갈 즈음에. 납작하게 모습을 드러낸 이 도시는 자신만의 세계를 선보이리라. 소심하고, 감당하기 힘든 듯한 기하학 모양의 십자가 짐을 진 채, 영원히 무언가를 시작하고 또 시작하는, 운명에 찌들고 말이 없으며, 모든 것을 체념한 듯한 성장이 멈춘 세계를. 지상의 슬픔에 장악당한, 짓이겨지고 왜소해지고, 마침내 자신의 풍광마저도 등을 돌린 세계를.

자시가 끝나 갈 즈음에. 납작하게 모습을 드러낸 이 도시는······.

그리고 이 도시로 몰려드는 사람들, 자신의 목소리가 낯선 사람들, 소심한 이 도시가 스스로의 일거수일투족에 낯설듯 표정이 없는 사람들, 자신의 진정한 외침을 빼앗긴 채, 당신이 진정 듣고 싶어 하는 외침을, 그 외침만이 자신의 것임에도, 당신이 알고 있는 그 외침만이 살아 있는 것임에도, 모든 걸 내어 준 이 도시에서, 배고픔과 궁핍함과, 저항과 증오를 외치는 스스로의 목소리를 귀담아 듣지 않는 군중들 속에서, 이상스럽게 말도 많고 침묵도 깊은 바로 이 군중들 속에서, 그 외침만이 어둠의 소굴이자 은근한 자부심으로 저 밑에 살아 있는 것임에도.

모든 걸 다 내어 준 이 도시에서, 이 이상한 군중들은 서로 모이지도, 섞이지도 않는다. 이 군중들은 그저 쉬이 갈 길을 갈 뿐이다. 어떻게 군중이 된 줄을 모르는 이 군중들, 태양 아래 철저히 혼자인 이 군중들. 여자처럼 사뿐사뿐 걷다가 갑작스레 비가 왔으면 좋겠다는 둥, 오지 않았으면 좋겠다는 둥 변덕스러운 이 군중들. 특별한 이유 없이 십자가를 긋기도 하고, 뻣뻣한 두 다리를 벌린 채, 자신의 발에 오줌을 갈기는 시골 아낙처럼 느닷없이 쾌활해지기도 하는 이 군중들.

태양 아래 모든 걸 다 내어 준 이 도시에서 이 헐벗은 군중들은 아무것도 표현하지 않고, 아무것도 긍정하지 않으며, 아무런 자유도 인정하지 않는다. 백주 같은 자신의 땅에서. 검둥이보다 나아지고자 한 프랑스의 황후 조제핀[2]도, 백석白石으로부터 자신을 해방시켜 줄 전사도 인정하지 않는다. 정복자도 인정하지 않는다. 이들의 경멸도, 이들의 자유도, 이들의 용기도 인정하지 않는다.

자시가 끝나 갈 즈음에. 모든 걸 다 내어 준 이 도시에서 깨어나는 간질과, 소비와, 기근들. 또다시 깨어나는 골짜기마다 똬리를 튼, 나뭇가지마다 매달린, 땅속 깊이 참호를 판, 날개도 없이, 하늘 높이 쌓인 공포. 모든 것을 다 내어 준 이 도시와 분노의 분화구.

자시가 끝나 갈 즈음에, 도약하는 방법을 잊어버린 망각의 고원.

자시가 끝나 갈 즈음에, 말라리아 피가 흐르는 이 고원은, 근심의 신발을, 순종의 신발을 신은 채, 속에서 타오르는 뜨거운 맥박의 태양을 거꾸로 돌리고 있다.

자시가 끝나 갈 즈음에, 둑에 갇힌 이 고원의 불길은, 혈관 속으로 터져 들어가기 직전에 입을 막고 운다. 불길은 자신을 감추고 부정하는 불꽃을 기다린다.

자시가 끝나 갈 즈음에, 궁기의 고통 앞에 쭈그리고 앉은 이 고원은, 벼락과 동굴을 주시하며, 서서히 인간에 대한 염증을 토해 내고, 동종의 인간들만 모여 사는 고원과, 그들의 음습한 연대와, 공포의 도랑과, 그들의 놀라운 변화의 손길을 뱉어 낸다.

---

2) 조제핀 보나파르트(Joséphine Bonaparte): 나폴레옹 1세의 조강지처로 카리브 해에 위치한 마르티니크에서 나고 자랐다.

자시가 끝나 갈 즈음에, 퀭한 얼굴의 이 고원, 모른morne이라는 이름
의 이 야릇한 언덕보다 더 잘 아는 이 없으리라. 왜 군침을 흘리던 자
살이 스스로를 뱃속으로 밀어 넣어 목숨을 끊었는지를. 왜 뭇 여자들
이 카포 강Capot을 둥둥 떠다니는 여자들처럼 보이는지를(그녀들의
찬란한 검은 몸뚱이는 배꼽의 주문에 충실하고), 그리고 왜 그 여자들
만이 흐르는 강물의 보호대가 되는지를.

아무리 열심히 가르친 해골들을 두드려도, 비몽사몽 졸고 있는 어린
흑인 학생은 선생들에게, 성직자들에게 단 한 마디도 거들지 않으리
라. 그의 주린 목소리가 궁기의 제물이 된 지 이미 오래이므로(한-마
디-단-한-마디도 그리고 블랑슈 드 카스티유 여왕[3)]은 잊어라. 한-마
디-단-한-마디도, 그저 그 어린 야만인 아이를 주목하라. 십계명 중 단
한 가지 계명도 모르는 아이를).
그 아이의 목소리가 그 정신을 궁기의 제물로 바친 지 오래이므로.
그리고 아무것도 남지 않았으므로, 쓸만한 것이라곤 아무것도.
목소리의 저항 너머로 기어갈 수조차 없는, 궁기 외엔.
육중하면서도, 유약한 궁기
굶주린 모른 언덕의 궁기
그 깊숙한 심장 속으로 내려앉은 궁기.

자시가 끝나 갈 즈음에, 좌초한 자들의 표정 없는 해변과 부패한 것들

---

3) 블랑슈 드 카스티유(Blanche de Castille): 루이 8세의 부인.

이 풍기는 악취, 주인장과 도살업자들이 벌이는 한바탕의 광란, 벗겨 버릴 수 없는 편견과 무지의 뱃머리, 매춘, 위선, 음탕, 배신, 거짓, 사기, 멱살잡이, 소심함의 극치, 은밀히 터져 나오는 열정, 탐욕, 히스테리, 성도착, 비참한 광대, 절름발이, 가려움증, 서두름, 뜨뜻미지근한 퇴행의 그물 침대.

이것이 바로 타락으로 부풀어 오른 우스꽝스러운 풍경이다. 희한한 미생물에 감염된 듯한, 해독제 없는 독에 노출된 듯한, 오래된 상처에서 흘러나오는 고름 같은, 보이지 않게 유기되어 가는 썩은 시체 같은 풍경이다.

자시가 끝나 갈 즈음에, 참으로 고요한 밤, 별은 둥둥거리는 발라퐁[4] 보다 죽은 듯 고요하고,

잔인한 야광등만이 우리의 궁색함과 좌절감을 비춘다.

그리고 우리들은, 아둔하게도, 특별한 순간들 위로 금빛 소나기를 뿌리려 하고, 이제는 희미하게 빛이 바랜 모태를, 빵과 포도주의 공모를, 빵, 포도주, 그들의 진정한 합일의 피를 불러들이려 한다.

불행한 나의 현재를 우울하게 일깨우는 멀리 있는 행복, 몇 채 안 되는 오두막이 이곳저곳 흩어져 있는 텅 빈 마을로 이어지는 울퉁불퉁

---

4) 발라퐁(balafon): 중서부 아프리카의 목금과 같은 타악기.

한 길, 끝이 없는 그 길을 전속력으로 내달려 고갯마루에 이르면 이내 곰팡내 나는 발밑 난쟁이 마을로 푹 꺼져 내리는 길, 까마득히 올라야 하고, 또 아찔하며 내려야 하는 길, 그리고 짧은 시멘트 받침대 위에 우스꽝스럽게 얹혀 있는 나무때기를 두른 집, 바로 '우리 집', 말라 비틀어진 짐승 가죽처럼 태양 아래 초라하게 형해만 남은 구부러진 철골의 집, 부엌과, 이곳저곳 박혀 있는 못대가리들로 번들거리는 거친 마룻바닥, 소나무로 만든 처마와 천장으로 이어지는 어둠, 귀신 같은 밀대 의자와, 바퀴벌레를 따라 꺼졌다 켜졌다 하는 희미한 전등, 한동안을 그렇게 깜박거리다 결국 완전히 꺼지고 마는 전등…….

자시가 끝나 갈 즈음에, 이처럼 원초적인 마을은 나의 욕망을 일깨운다. 안개같이 부드러운 욕망이 아니라 비비 꼬인 감각적 집중의 욕망을. 딱딱한 씨알 같은 종려나무 한 그루를 우연히 거느리게 된 모른 언덕배기의 포동포동한 젖꼭지를 향한, 콸콸거리는 시냇물과, 트리니티 섬[5]에서 그랑-리비에르[6]에 이르는 신비한 바다의 혀를 향한.

그리고 시간은 쏜살같이 흘러갔다, 쏜살같이.
망고 나무가 달을 벗 삼아 노니는 팔월, 태풍의 산파 구월, 사탕수수를 태우는 시월, 그리고 나지막한 미소의 십일월이 흘러갔다. 그리고 마침내 크리스마스가 시작되었다.

---

5) 트리니티 섬(Trinity Island): 남극 파머(Palmer) 제도 북쪽에 위치한 섬.
6) 그랑-리비에르(Grand-Rivière): 서인도제도의 동부 마르티니크 섬에 위치한 지역.

처음이었다. 가시 같은 욕망을 뚫고 이번 크리스마스가 느껴지기는. 신선한 부드러움에 대한 갈증, 희미한 꿈의 발아였다. 갑자기 그것은 기쁨의 날개를 달고 격렬한 은빛 웃음을 날렸다. 그리고 이내 온 마을을 뒤덮더니 잘 익은 석류 같은 생명들을 집집마다 흩뿌렸다.

크리스마스는 여느 휴일과 달랐다. 거리를 내달리거나, 공공장소에서 춤을 추거나, 목마를 타거나, 사람이 많은 것을 이용해 여자를 꼬집거나, 위성류의 얼굴에 폭음탄을 던지는 짓거리를 하지는 않았다. 크리스마스는 광장공포증을 수반했다. 크리스마스는 분주함과 손님 맞을 채비와 부엌일이 연속되는 날이었고, 대청소를 하고 초조감을 만끽하는 날이었다.

충분하지 않으면 어쩌나,

음식이 모자라면 어쩌나,

사람들이 지루해하면 어쩌나,

그리고 밤에는 조그만 교회에서, 화기애애하게, 웃음과 덕담과, 믿음과, 사랑의 맹세와, 소문과, 성가대의 성가신 불협화음과, 따뜻한 마음씨의 선남, 그리고 천박한 옷매무새의 선녀들과, 화목한 집안일로 이야기꽃을 피웠다. 이날만큼은 몇 푼의 돈이 중요하지 않았고, 도시는 그야말로 노래의 화원이었다. 실내에 들어앉아 산해진미도 즐겼다. 마른 수수깡 같은 두 손가락으로 피를 뚝뚝 흘리는 소시지를, 그 풍만한 소시지를, 박하 향내를 풍기는 부드러운 그 맛을, 양념을 강하게 한 그 매운 맛을, 뜨거운 커피, 부드러운 미나리, 입에 척척 감기는 과즙, 노란 럼주와 더불어 즐겼다. 점막을 짜릿하게 타고 넘어가, 이내 기분이 좋아지거나, 향긋한 여운을 남기는 음식들도 즐겼다. 어떤 이

귀향수첩 15

는 웃고, 어떤 이는 노래를 불렀다. 어떤 이가 선창을 하고, 나머지 이들이 따라 부르는 후렴구가 코코넛 향기처럼 멀리멀리 퍼져 갔다.

할렐루야.
주여 저희를 긍휼히 여기소서…… 긍휼히…… 긍휼히.
주여 저희를 긍휼히 여기소서…… 긍휼히…… 긍휼히.

입으로만 노래를 부르는 것이 아니었다. 손도, 발도, 엉덩이도, 생식기도, 모든 이들이 음악 소리에, 합창 소리에, 리듬에 따라 물결처럼 흔들거렸다.
그러나 기쁨이 극에 달하면, 먹구름이 터졌다. 노래는 그칠 줄을 몰랐지만, 초조하고 육중한 울림이 두려움의 계곡을 따라, 분노의 땅굴을 따라, 지옥 같은 불길을 따라 서서히 퍼져 나갔다.
누구나 가장 근접해 있는 악마의 꼬리를 비틀고 싶어 했다. 두려움이 부드러운 꿈결 모래 속으로 사라질 때까지. 그러면 진정 꿈속이었다. 먹고, 마시고, 떠들고, 노래했다, 꿈속인 양. 장미 잎 같은 눈꺼풀을 껌벅이며 졸기도 했다, 꿈속인 양. 한낮의 햇살은 사포딜라 열매처럼 비단결 같고, 코코넛 수액 거름에서는 솔솔 냄새가 풍겨 나왔다. 칠면조는 작렬하는 태양 아래서 붉은 여드름을 짰다. 그리고 들리는 집요한 종소리와 비,

종소리다…… 비야…….
댕, 댕, 댕…….

자시가 끝나 갈 즈음에, 이 마을은, 납작하게, 모습을 드러내기 시작하지만······.

두 발로 서서 그 당당함으로 하늘을 찌를 듯한 욕망은 조금도 보이지 않은 채 두 손으로 기기 시작한다. 등짝만 내놓은 집들은 불타는 버섯 같은 하늘을 두려워하고, 그 뼈대는 익사해 가는 진흙을 두려워한다. 이리저리 날리던 집들의 파편은 놀람과 침잠 사이에 자리를 잡는다. 그러나 이 도시는 아직도 멈추지 않고 나아간다. 매일매일 타일 깔린 복도의 물결 너머로, 뻔뻔한 블라인드와 끈끈한 정원 너머로, 질질 흐르는 페인트 일감 너머로 방목하러 나간다. 억눌린 사소한 염문과, 비밀이 된 사소한 염치와, 사소하지만 무한한 증오가 좁은 거리를 지나 울퉁불퉁하고 도랑이 깊은 길 위로 마실을 나간다. 똥 더미 속에서 익숙한 얼굴 하나를 쑥 끌어올려 줄 것 같은 길 위로······.

자시가 끝나 갈 즈음에. 납작하게 가라앉은 얼굴의 생과, 유산된 꿈, 이 꿈을 치울 장소의 부재와, 가망 없는 침대에서 무기력하게 흐르는 생명의 강, 오르지도 내리지도 않고, 어디로 흘러야 할지조차 잊어버린, 애석하게도 텅 비어 있고, 무거운 무료함의 그림자가 공히 만물의 평등 위로 골고루 퍼져 흐르는 생명의 강, 한 마리 새의 눈부심에도 결코 위축되지 않는, 상한 공기.

자시가 끝나 갈 즈음에. 악취를 풍기는 좁은 도로에 위치한 어떤 집, 썩은 나무 위장을 가진 이 작은 집에는 수십 마리의 쥐들이 여장을 풀고 있고 여섯이나 되는 내 형제자매들의 웃음이 배어 있다. 매달 끝자

락마다 한없이 부유하는 잔인한 작은 집, 이상하게도 내 아비가 나로서는 전혀 알 수 없던 절망을 곱씹던 곳, 내 아비는 종종 무당을 찾아 서러운 평온을 되찾기도 맹렬한 분노의 불꽃을 내뿜기도 했다. 그리고 지치지도 않던 그 궁기를, 밤낮으로 밟고 밟고 또 밟던, 내 어미의 발, 나는 지치지도 않는 내 어미의 재봉틀 굴림과 부드러운 밤의 속살을 살포시 깨무는 듯한 한 가락에 간혹 한밤 눈을 뜨기도 했다. 내 어미가 밤으로 낮으로 굶던 우리들을 위해 밟고, 또 밟던 그 가락에.

자시가 끝나 갈 즈음에, 내 아비와 내 어미 그리고 벌레 먹은 복숭아나무처럼 이곳저곳 바람이 새는 헛간 같은 집, 파라핀 깡통 조각을 이리저리 댄, 낡고 엷은 지붕, 이 지붕은 더럽고 냄새나는 잿빛 볏짚 더미 위로 녹슨 늪들을 방사한다. 바람이라도 불라 치면, 아귀가 맞지 않는 것들은 희한한 소리를 낸다. 타닥타닥 프라이팬에서 무언가 튀는 것 같은 소리며, 불붙은 장작을 찬물에 던질 때 오그라드는 잔가지 위로 뭉게뭉게 피어나는 연기와 더불어 나는 소리며……. 그리고 석유 드럼통을 바닥에 댄 널빤지 침대와, 염소 가죽과 바나나 잎 그리고 누더기를 깐, 다리가 붓는 병을 앓고 계시던 할머니의 침대, 향수를 매트리스로 깔고 있던 침대, 그 위에는 기름이 가득한 사발이 하나 놓여 있었다. 거의 다 탄 초 끝에서 춤추던 불꽃. 그 사발에는, 누런 색으로, **자비**라는 단어가 새겨져 있었다.

아, 치욕스러운, 파유 거리,

이 도시의 은밀한 부위처럼 주렁주렁 꼴사납게 매달린, 잿빛 타일의 지붕들은 바다처럼 왼쪽 오른쪽 식민지 도로 양편으로 늘어서 있었다. 이곳저곳 바닷물에 누렇게 변색한, 바람에 상한, 엷은 밀대 지붕들이 간간이 보일 뿐이다.

사람들은 파유 거리를 싫어했다. 도시의 젊은이들이 길을 잃었던 곳이 바로 거기였다. 바다가 죽은 고양이와 개를, 쓰레기로 내버리던 곳도 바로 거기였다. 거리의 끝이 해변에 닿아 있었고, 거품을 빼어 문 바다의 분노를 감당하기에는 해변의 힘으로 충분하지 않았다.
처참함, 썩어 가는 쓰레기로 득실거리던 이 해변, 스스로를 위안하던 사람들의 교활한 엉덩이, 난생 처음 보는, 거무죽죽하고 흉측한 모래, 그 위로, 꾸역꾸역, 미끄러져 들어오던 바다 쓰레기, 바다는 거세게 이 해변을 복서처럼 주먹질했다. 아니, 바다는 뼈다귀 해변을 물고 빨던 차라리 한 마리 큰 개였다. 그리고 끝내 그 개는 이 해변을, 더불어 파유 거리를 삼켜 버리리라.

자시가 끝나 갈 즈음에, 과거의 바람이, 믿음을 상실한, 형언할 수 없는 의무감을 놓아 버린 바람이 일었다……. 그리고 또 다른 자시가, 유럽의 이른 아침이…….

떠날 바에야.
하이에나 같은 인간이나 표범 같은 인간이 있듯이,
나는 유태인이 되겠다

카피르 족[7]이 되겠다
콜카타 출신의 힌두교도가 되겠다
투표권이 없는 할렘 사람이 되겠다.

배고픈 이, 저주받은 이, 고문당한 이, 이런 인간들은 어느 때나 잡아
족치고, 죽일 수도 있다. 완벽하게, 누군가에게 의지하지 않고서도, 누
군가에게 변명을 늘어놓지 않고서도.
유태인
박해받는 이
강아지
비렁뱅이

그러나 국그릇에 빠진 부시맨의 해골을 보면서 깜짝 놀라는 표정을
짓는 영국 숙녀의 얼굴처럼 아름다운 회한을 죽이는 일이 과연 가능
할까?

나는 위대한 말씀과 위대한 번제燔祭의 비밀을 다시 찾으려 한다. 나
는 폭풍을 말하고자 한다. 강을 말하고자 한다. 태풍을 말하고자 한
다. 잎사귀와 나무를 말하고자 한다. 나는 빗방울 방울방울에 젖고 싶
다. 이슬 방울방울에 젖고 싶다. 미친 핏발이 느릿한 눈자위를 돌듯,
나 역시 미친 말 같고, 새로 태어난 아이 같고, 덩어리 진 우유 같고,

---

7) 카피르 족(Kafir): 아프가니스탄 동북부의 산악 지대에 사는 종족.

통행금지 종소리 같고, 사원의 흔적 같고, 어떤 광부 같고 깜짝 놀랄 만큼 땅속 깊숙이 숨겨진 보석 같은, 그런 말을 내뱉고 싶다. 나를 이해할 수 없는 사람은 호랑이의 포효조차 이해하지 못하리라.

일어나라, 유령들아, 시퍼런 숲처럼, 몹쓸 놈의 기계에 사냥당한 짐승들로 대추나무의 썩은 살덩어리로 한 바가지의 조가비 눈으로 부드러운 사이잘삼 같은 인간의 피부에 패인 비단결 같은 채찍 자국으로. 선명한 숲처럼, 나는 당신들 모두를 집어삼킬 만한 말들을 가지고 있었다. 그리고 당신 역시

땅을 눕혔다.

만취한 땅을

하늘을 향해 성기를 불뚝 세운 땅을

신의 영원한 혼돈인 땅을

당신의 입에 한 무더기의 새우를 물린 바다의 재갈을 뚫고 거칠게 일어선 땅을

표면이 거친 처녀림을 닮은 그 땅을

뭐가 뭔지 황망해하는 인간들 목전에

내 진정 고요하게 걸치고 싶었던 처녀림의 그 땅을.

당신이 한 모금의 젖을 빨 때 나는 머나먼 신기루의 저편에서 땅을 찾고 있었다. 천 배 만 배 더 원시적이고, 전무후무한 금싸라기 태양 빛으로 번쩍거리는, 내 핏줄 같은 땅을, 모두가 자유로운, 나의 땅을.

떠날 바에야. 나의 심장은 나누고자 하는 집요한 욕망으로 쿵쿵거렸다. 떠날 바에야……. 나 상기된 얼굴로 어수룩한 얼굴로 그 나라에,

내 나라에, 다다르곤 했다. 그러고는 그 진흙으로 내 살덩이를 지은 나라에 대고 말하곤 했다. "나 이리 오래 헤맸으므로 이제 외롭고 누추한 당신의 상처 속으로 돌아가고자 하노라."

나 그 나라에, 내 나라에 다다라, 이렇게 말하곤 했다. "두려워 말고 입 맞춰 달라"고. 무슨 말을 해야 할지 모를 땐 "오, 한결 같구나"라고.
이렇게도 말하곤 했다.
"내 입은 입이 없는 불행한 입이 될 것이다. 내 목소리는 절망의 감옥을 무너뜨리는 자유 중의 자유가 될 것이다."
이어 나는 내 자신에게 이렇게 말하곤 했다.
"살펴라, 내 몸이여 영혼이여, 경계하라, 무엇보다 특히, 팔짱 끼고 무기력한 구경꾼이 되는 일을. 삶은 구경거리가 아니므로, 슬픔의 바다는 무대가 아니므로, 목청 높이 외치는 이는 춤추는 곰이 아니므로."

이제야 나는 왔다!
다시 한번 내 앞에서 절룩거리는 삶, 이런 삶이 아니었다, 이런 죽음이 아니었다, 의미와 경건함이 없는 죽음, 위엄이 사라진 죽음, 이쪽 저쪽 무의미하게 절룩거리는 노구를 이끄는 죽음이 아니었다. 정복자의 머리 위로는 작은 욕망조차 쌓이지 않았다. 위대한 야만인의 머리 위로는 하찮은 일꾼조차 쌓이지 않았다. 그 어떤 영혼도 파헤쳐지지 않았다, 세 가지 영혼의 소유자인 카리브 해인의 머리 위로는.
그리고 이토록 무참한 죽음들 위로는
갈가리 찢긴 내 양심의 가래침 아래서 터무니없고

인광 아래서만 드러나는, 그 슬프고도 무참한 죽음들.
그리고 갑자기 자시의 무대를 허청허청 걸어 나와
일어서려는 뜨거운 잿더미와 일어서려는 몰락과 결락을
꼬꾸라트리고 침묵에 잠기게 하는,
악마의 계시를 받은 혈혈단신의 내 자신 위로는.

──다시 한번 이는 거부감! 마지막이기를, 이것이 진정 마지막이기를. 내겐 이 검은 손으로 삶을 한 뼘 한 뼘 잴 권한이 없다. 선 위에서 벌벌 떠는 네 개의 손가락으로 나 자신을 위축시킬 권한도 없다. 나는, 한 인간으로서, 이 같은 창조를 거부할 권한도 없다. 나를 수직과 수평 사이에 위치시켜다오.

자시가 끝나 갈 즈음에,
수컷의 갈증과 끈질긴 욕망,
나는 형제애라는 신선한 오아시스로부터 유배되어 있다.
내 손톱 밑에서 산산이 부서지는 저토록 유순한 무無,
이 수평선은 너무 투명하다.
그리고 교수대처럼 너무 불안하다.

당신의 마지막 승리는, 반역이라는 과묵한 까마귀.
이자들이 내 동포다. 표주박 같은 섬 안에서 왁자지껄 떠드는 한 줌의 썩어 문드러진 사람들이. 이것도 내 몫이다. 스스로를 부인하듯 노여움을 둥글게 펼쳐 든, 자신이 마치 어머니라도 되는 양 위아래 아메리

귀향 수첩

카를 가늘게 이어 주려고 애쓰는, 이 다도해도. 만곡부의 달콤한 수액을 유럽인의 눈에 띄지 않게 은밀히 감추는 허벅지를 가진 다도해. 수평으로 팽팽히 이어진 적도의 길 따라 아프리카로 이르는 빛나는 통로를 가진 다도해. 나의 섬, 나의 열린 세계, 그 빛나는 용기를 등판에 짊어진 다도해. 목전에는, 뒤편 능선까지 이어지는 과들루프 섬[8]이, 우리 몰골처럼 처참하게, 둘로 갈라져 있다. 생전 처음 네그리튀드가 직립해, 스스로 인류애를 구현한 아이티^{Haïti}도 있다. 이제 막 흑인을 목 조르는 일을 마친 우스꽝스러운 플로리다의 꼬리도 보인다. 유럽의 발밑 스페인까지 송충이 걸음으로 기어간 아프리카의 장족과 죽음의 낫을 넓게 휘두르는 아프리카의 나신이 보인다.

내 이름은 보르도, 낭트, 리버풀, 뉴욕 그리고 샌프란시스코다. 이 세계의 후미진 구석이 아니다. 마천루의 등짝마다 내 엄지손가락 지문과 뒤꿈치 표시가 찍혀 있다. 빛나는 보석마다 내 손때가 묻어 있다!
나보다 당당한 이 그 누구인가?
버지니아. 테네시. 조지아. 앨라배마.
혁명의 악취가
무화되어 가고,
진동하는 핏빛 트럼펫이
적토를, 그 핏빛 땅을, 피 묻은 형제의 땅을
황망히 막아선다.

---

8) 과들루프 섬(Guadeloupe): 서인도제도의 동부, 소앤틸리스 제도에 있는 섬.

쥐라산맥[9]에 있는 작은
감방도 내 것,
눈이 내리면 그 작은 감방은
하얀 철창을 더 견고하게 한다.
눈은
감옥 앞에 도열한 하얀
교수대다.

이자가 내 동포이다.
백인성이라는 감옥에 갇힌 오직 이자만이
백색의 죽음을 부르는 백색의 외침을 거부하는 오직 이자만이
(투생, 투생 루브르튀르)
백색의 죽음을 수반하는 백색의 송골매를 현혹하는 이자
백사白沙 깔린 부패한 바다에 홀로 남은 오직 이자만이
수평선을 등지고 꼿꼿이 일어선 한 늙은 흑인
죽음은 이자의 머리 위로 빛나는 원을 그린다.
죽음은 이자의 이마 위로 빛나는 부드러운 별이다.
그의 팔뚝처럼 잘 익은 사탕수수밭으로 불어닥치는, 미친, 죽음
백마처럼 껑충껑충 감옥을 누비고 다니는 죽음
어둠 속에서 빛나는 고양이 눈 같은 죽음

---

9) 쥐라산맥(Jura): 아이티의 독립전쟁을 이끈 투생 루브르튀르 장군(Toussaint Louverture)이 나폴레옹 병사들에게 잡혀 수감되어 있던 곳.

모래 능선 밑에 고인 물처럼 꺽꺽대는 죽음
죽음은 한 마리 상처 입은 새다.
죽음은 시들고
죽음은 뒤뚱대고
죽음은 어두운 목초지 같고
죽음은 침묵의 하얀 풀장에서 끝이 난다.

이 자시의 사각 귀퉁이에서 부풀어 오르는 밤
뻣뻣해져 가는 죽음의 발작
고집불통의 운명
벙어리 땅이 내지르는 단말마의 비명
찬란한 이 피는 과연 터져 흐를 것인가?

자시가 끝나 갈 즈음에 돌멩이 위에 과거의 기록 하나 남기지 않은 이 나라들, 추억할 거리가 없는 이 도로들, 흔적을 알 수 없는 이 바람.
도대체 뭐가 문제인가?

우리는 계속해서 이야기할 것이고, 노래할 것이며, 외칠 것이다. 큰 소리로, 힘주어, 그대는 우리의 영원한 진리이고 목자라고.

말뿐이라고?
말뿐이라!
이성이여, 나 그대를 밤바람이라 부르노라.

권위의 입이여, 채찍의 꽃잎이 되소서.
아름다움이여, 나 그대를 돌의 소망이라고 이름 붙이노라.
아, 그러나! 나의 거칠고 은밀한 웃음
아! 나의 석회가루 같은 보물이여!
내 그대를, 그대와
그대의 이성을, 증오하기에, 나 천명하노라
정신분열증이 불붙은 광기가,
말 없는 카니발이 내 친족임을.

보물이라? 세어 보자.
기억하고 있는 광기를
소리 지르고 있는 광기를
응시하고 있는 광기를
<u>스스로</u> 사슬을 풀고 있는 광기를.

그러면 그대는 알게 되리라.

둘 더하기 둘은 다섯임을
숲이 고양이처럼 울고 있음을
나무가 불타고 있는 밤들을 꺼내고 있음을
하늘이 수염을 쓰다듬고 있음을
기타 등등을 기타 등등을…….

우리는 누구인가 그리고 무엇인가? 놀라운 질문이다!

나무를 보면 나는 나무가 된다. 그리고 이 긴 나무의 다리는 땅 위에
커다란 독혈毒穴을 판다. 거대한 뼈들의 도시를 판다. 콩고를 생각하
면 나는 시끄러운 숲들과 강들을 가진 콩고가 된다.
채찍이 커다란 깃발처럼
선지자의 깃발처럼
펄럭이는 소리를 내는 곳
콸콸거리며
물이 흐르는 곳
분노의 번개가 연록의 도끼를 흔들어 대고 야생 똥돼지가 감미롭고
도 강렬한 후각의 뜰에서 꿀을 뜯는 곳.

자시가 끝나 갈 즈음에 쿨럭쿨럭 기침을 하면서 내장을 끄집어내는
태양.

자시가 끝나 갈 즈음에
희미한 모래 해변
희미한 면화밭
희미한 옥수수밭

자시가 끝나 갈 즈음에
도약하는 꽃가루
도약하는 어린 여자 아이들의 희미한 그림자
도약하는 벌새
땅 가슴속을 후비고 들어가는 단도들의 도약.

금지된 모든 것들 위에 밀려오는 파도들 입구에 경계를 강화하는
천사 같은 세리稅吏들.

나는 내 죄를 자백하면서 말한다.
변명할 여지가 없다고.
이어지는 춤판들. 우상들. 반복들.

나 역시 나태의 이름으로 신에 대한 살인을 저질렀다.
나의 말을 나의 태도를 나의 천박한 노래들을 죽였다.

내 앵무새 깃털과
사향 고양이 가죽은 시들었다.
선교사들의 인내도 시들었다.
나는 인류애의 구세주들을 모욕했다.
티르 신[10]도 거부했다. 시돈[11]도 거부했다.
대신 잠베지 강[12]을 흠모했다.
나는 도착증의 팽창으로 혼미해져 갔다!

왜 아직도 숨어 있는가
난공불락의 야생에

---

10) 티르 신(Tyr): 북유럽 신화에 나오는 군신(軍神)으로, 신왕(神王) 오딘의 아들이자 토르의 동생이다.
11) 시돈(Sidon): 서아시아의 레바논 서남부에 있던 페니키아의 도시국가.
12) 잠베지 강(Zambezi): 아프리카 동남부를 흐르는 강.

내 궁기의 바닥에
왜, 고상한 가르침들을 내치면서,
추악한 반투 족[13]의
그 끔찍한 도약을
저지하지 않는가?

어 영차
어 영차
뱀에게 주문 걸어 죽은 자를 불러 세우려면
어 영차
비를 멈춰 바다를 건너려면
어 영차
음지의 변신을 막으려면
어 영차
나만의 하늘을 열려면

―길에 선 나는 사탕수수의 뿌리를 씹는 어린이라네.
―축 늘어진 피 묻은 길 위에 선 나는 밧줄로 내 자신의 목을 감는 인간이라네.
―내 검은 이마 위 거대한 원형 경기장의 중앙에 우뚝 선 것은 가시 사과의 왕관이라네.

---

13) 반투 족(Bantu): 아프리카 중남부에 분포하는, 반투어를 사용하는 종족.

영차

멀리 날아라.

떨림보다 더 높게 더 높게 다른 별로 향하는 마녀보다 더 높게 미처 누구도 그런 생각에 미치지 못할 때 흥분한 숲과 산은 뿌리를 뽑았다네. 천년을 사슬로 묶인 섬들의 뿌리를!

어 영차

약속한 시간을 다시 맞이하세.

내 이름을 알고 있는 새들도

천 개의 이름을 가지고 있는 여인도

샘물도 태양도 눈물도

어린 물고기 같은 그녀의 머리카락도

내 기분을 좌우하는 그녀의 발걸음도

내 사계를 좌우하는 그녀의 눈망울도

상처를 주지 않는 한낮도

공격적이지 않은 한밤도

비밀의 별들도

공모의 바람도

그러나 내 목소리 손바닥으로 막는 자 누구인가?

누구인가 내 목소리를 앗아 가는 자는, 수천 개의 대나무 고리로 내 목구멍을 쿡쿡 쑤셔 대는 자는, 수천의 성게 바늘로. 더러운 세상의 오물 같은 자로다. 더러운 자시 같은 자로다. 더러운 증오 같은 자로다. 한 무더기의 패설과 백 년 동안의 채찍이 바로 그대로다. 백 년 동안의 내 인내와 백 년 동안의 내 노력은 쉽사리 죽지 않으리라.
영차

우리는 분노의 들판에 피어 있는 독초를 노래한다네. 핏덩이로 매듭 잡힌 사랑의 하늘을 노래한다네. 간질을 앓는 아침과 하얗게 불타는 모래 수렁, 야수들의 냄새가 진동하는 한밤에 가라앉는 난파선을 노래한다네.
나 무엇을 해야 하는가?

나 시작해야 한다.

무엇을?

이 세상에서 시작할 만한 가치가 있는 유일한 것을.

더도 덜도 아닌, 바로 세상의 종말을.

화초
오, 끔찍한 이 가을의 화초
단단한
화초, 오 화초
사악한 웃음의
무더기 속에서 대기가 녹스는 곳
고름 같은 물이 태양의 커다란 뺨을 갈기는 곳

나 너를 증오한다.

여자들은 아직도 허리 주위에 면직물의 옷을 두르고 있다. 귀에는 귀걸이를 차고 있다. 입가에는 미소를, 젖가슴에는 아이를 그리고 나머지를.
이젠 이 분노를 끝내야 하리!

자, 위대한 저항을 위하여
사악한 충동을
건방진 붉은 달의 향수 어린 유영을
진초록의 햇살과 진노랑 열기를 위하여!

스무 차례도 넘게 건조한 네 목구멍의 온기 속으로 너는 여전히 초라한 위안을 하기도 하고 위무를 하기도 할 것이다. 우리는 말뿐인 존재들이라는 위안을 그리고 너는 끝내 그 일을 이루지 못할 것이다.

말뿐이라.
우리는 세상의 구석구석을 거느리고 있다. 우리는 어지러운 대륙들과 결합하고 있다. 우리는 증기를 뿜는 대문들을 무너뜨리고 있다.
말, 오 그래, 말뿐이라! 그러나 그 말은 신선한 피에 절은 말이요, 춤추는 파도요 그리고 피부병이요, 말라리아요, 용암이요 그리고 산불이요, 불타는 살이요, 그리고 불타는 도시요…….

기억해 주시오.

나는 새로운 천년왕국이 도래하기 전에는 결코 흥겹게 놀지 않을 것
임을,
나는 그 무시무시한 공포의 때가 오기 전에는 결코 흥겹게 놀지 않을
것임을.

당신을 내게 맞추시오. 나 결코 그대에게 맞추는 일 없을 것이므로!

나는 빼앗기는 모습만 보여 왔소,
고개를 끄덕이는 체하며,
너무 붉은 구름을,
혹은 비의 포옹을,
혹은 바람의 전주를,
그러나 확신하지 마시오.

나 자신으로부터 나를 분리해 내는
난황낭卵黃囊을 깨부수고 있으므로

나, 나를 피로 둘러싸는 그 무지막지한 물결을
물리치고 있으므로

나 그 누구도 아닌 나만이
마지막 파도가 몰고 오는
마지막 열차에 있는
내 자리의 주인이므로

나 그 누구도 아닌 나만이 마지막 분노를
노래할 수 있으므로
나 오로지 나만이
훅 불면 꺼지는 램프를 들고
순결한 최초의 우유 방울을 향해 나아갈 수 있으므로.

그리하여 마침내 태양을
끝장내기 위해(내 단단한 머리에
기대는 것으로는 충분하지 않으므로)
불확실한 불나방의 황금빛
알들을 풀어놓은 회반죽 밤을
끝장내기 위해
짠 내를 풍기며 이동하는
말들처럼 종잡을 수 없는 바람이 이는
절벽 끝에서 떨고 있는 머리카락의 충격을
끝장내기 위해
내 맥박이 말하건대, 기상천외한 기벽이 유일한 식량은 아니다.

유럽을 뜨면서
스스로 터져 나오는 분노와
조용히 밀려오는 절망감
유럽을 뜨면서
조마조마한 회복과 은근한 자부심

나는 모험을 두려워하지 않는
아름다운 자애를 소망한다.
그리고 쟁기질은 저 무자비한 한 뱃머리를
내게 상기시킨다.

내 기억 속에는 얼마나 많은 피가 흐르고 있는가.
내 기억 속에는 연못들이 있다.
죽음의 해골들로 뒤덮여 있다.
수선화로 뒤덮여 있는 게 아니다.
내 기억 속에는 연못들이 있다. 연못가에는
아낙들이 벗어 놓은 옷이 보이지 않는다.
내 기억은 피로 물들어 있다. 내 기억은
시체 더미로 쌓여 있다.
따뜻한 레이스가 달린 술병들이 쌓여 있다.
우리의 초라한 혁명, 잔인한 자유의 수액에 취해
들떠 있는 달콤한 눈.

(검둥이들은 모두 똑같다고, 나는 말한다.
그들은 모든 악, 상상 가능한 모든 악의 화신이라고,
나는 말한다.
검둥이 냄새를 맡으면 수수의 마디도 자란다고,
모두 옛말이다.
검둥이를 두드려라, 그러면 곡간이 풍성해지리라)

안락의자 속에서
탐욕스러운 말채찍 앞에 마음을 내어놓고
나는 흥분한 노새처럼 앞뒤로 왔다갔다한다.

얼마나 단순하게 그들은 우리를 사랑했는가!
쾌활하고 적나라하게, 고루함을 덜기 위해,
아주 뜨겁게
재즈를.
나는 소프트슈 댄스[14]와 린디 합[15] 그리고 탭댄스를 추었다.
그리고 특별한 경우에는 속으로 우는
우리네 함성의 트럼펫이 와, 와 소리에 묻히기도 했다.
잠시만……. 모든 준비가 끝났다. 나의 선량한 천사는
네온 불빛 속에서 꿀을 뜯고 있다.
나는 막대기를 삼킨다. 나의 위엄은
구역질을 일으킨다.

태양이여, 천사 같은 태양이여,
꼬부랑 머리칼을 가진 태양의 천사여,
저 부끄러운 바다의
달콤한 초록 물빛 너머로 껑충 도약을 해다오!

---

14) 소프트슈 댄스(soft shoe dance): 밑창에 금속을 안 댄 구두를 신고 추는 일종의 탭댄스
15) 린디 합(lindy hop): 최초로 대서양을 횡단한 린드버그의 이름을 딴 춤.

그러나 나는 사이비 주술사를 찾아갔다.
목적의 편견만이 난무한, 귀신이 떠나간 이 땅에,
고귀하면서 사악한 한 목소리가 외쳤다. 서서히
거친 소리를 내면서, 허탈하게, 허탈하게 거친.

그리고 아무것도 없었다, 우리가 남긴
거짓의 똥 더미 외에는.
대답도 없었다.

모든 경멸 너머를
도약하는
놀라운 춤꾼을 꿈꾸는 일은 정녕 미친 짓인가!
진정 백인은 위대한 전사다.
주인님을 찬양할지어다, 흑인의 거세자를!
이겨라! 이겨라! 승자만이 만족을 아나니.
악취 나는 흥겨움과 더러운 풍악들.

한 치 앞을 보지 못한 행복한 개종의 결과로 나는 지금
나의 반동적인 추잡함을 숭배하고 있다.

세례요한의 날에는, 그늘이 내리자마자, 수백 명의 말 거간꾼들이 그로스-모른 Gros-Morne이라는 빈민촌에 모여든다. 일명 '심오함의 거리'라고 불리는 거리로.

이름만으로 본다면 이 거리는 몇몇 사람들에게 죽음이 그 밑바닥에서 무엇을 길어 내는지를 경고함에 틀림없다. 실로 죽음이 길어 내는 것들이 있다. 놀라운 기마 행렬이 그것이다. 죽음은 수천 가지의 지방색을 띠고 있다(파라 초원도 누그러뜨리지 못한 궁기의 고통, 알코올중독). 죽음이 길어 낸 지친 충동의 노새들은 삶이 꽃처럼 피어난 곳으로 길을 내며 간다. 놀라운 약진! 놀라운 울음소리! "사기가 충천해, 올라타기 힘든 말!", "훌륭한 갈기를 가진 커다란 암말!", "놀라운 균형미를 갖춘 천방지축 노새!", 그리고 허리춤에 시계 사슬을 차고 뻐기는, 교활한 장사꾼들은 말벌에 쏘여 부풀어 오른 자리와 야릇한 마늘 냄새 그리고 공짜로 하사되는 한 바가지의 달콤한 물이 순수한 건강미, 젊음의 향기 그리고 풍만한 젖통의 비밀임을 증명하려 애쓴다.

나는 말벌에 쏘여 부풀어 오른 내 상처를 영광의 상처인 척하고 싶지 않다.
어릴 적 유치한 상상을 생각하면 웃음이 난다.

아니다, 우리는 더 이상 다호메이[16] 왕의 궁정에 있던 여전사들이 아니었다. 팔백 마리의 낙타를 거느리고 있던 가나의 왕자도 아니었다. 아스키아 황제[17]의 치세 시 팀북투[18]의 박사들도 아니었다. 젠네[19]의 건축가들도, 마디[20]도, 전사들도 아니었다. 우리는 겨드랑이에 한때

---

16) 다호메이(Dahomey): 오늘날 서아프리카에 위치해 있는 베냉(Benin)의 옛 이름으로, 기조(Ghezo) 대왕 치세 시(1818~1858) 여전사들의 도움으로 태평성대를 이룬 것으로 유명하다.

창을 끼고 있었을 사람들의 간지러움을 느끼지 못한다. 나 우리의 역사에 대해 아무것도 숨기지 않기로 맹세했으므로(나 자신만의 응달에서 한 오후의 방목을 즐기는 양 한 마리를 소중히 여기는 사람이므로), 나 고백한다. 우리는 한때 별 볼일 없는 그저 접시 닦이에, 자시의 신발 닦이에, 대단히 명료한 의식을 가진 주술사에 불과했음을. 우리에게 남아 있는 유일한 기록이란 사소한 일로 티격태격 다투는 우리의 여력에 관한 것이다…….

몇 세기 동안 이 나라는 반복했다. 우리는 잔인한 짐승임을. 인간의 심장박동이 흑인들의 세계, 그 입구에서 멈췄음을. 우리는 그저 걸어 다니는 노예임을. 부드러운 사탕수수와 비단 같은 면화를 제공하겠다고 비굴하게 약속하는 노예임을. 그리고 그들은 우리를 시뻘건 인두로 지져 노예의 신분임을 새기고 우리는 헛간에서 잠을 청했다. 그리고 그들은 우리를 광장에 내다 팔았다. 1야드의 영국 옷감과 맵짠 아일랜드의 고기가 우리들 몸값보다 약간 쌌다. 이 나라는 이렇게 평화로웠고, 조용했다. 신의 영혼이 살아 움직이기 때문이라고 했다.

우리는, 노예선의 토사물이었다.
우리는, 칼라바[21]의 사냥감이었다.

---

17) 아스키아 황제(Askia): 송가이 제국(Songhai Empire)을 통치했던 황제다.
18) 팀북투(Timbuktu): 말리의 중부에 위치한 도시다. 당시 팀북투에 세워진 상코레(Sankore) 대학은 이슬람 경전을 연구하던 전 세계의 학자들이 모여 공부하던 곳이다.
19) 젠네(Djenné): 말리 제국의 도시.
20) 마디(Mahdi): 이슬람교의 구세주.
21) 칼라바(Calabar): 나이지리아의 남부에 위치한 강으로 과거 노예들을 매매하던 곳.

귀가 먹었는가.
우리는, 터질 것 같은 멍과,
안개를 머금은 열대풍이었다!
소용돌이여, 나를 용서해다오!

나는 듣는다. 포박에서 풀려난 저주를, 임종의 숨소리를, 익사자의 음성을……. 아이를 낳는 한 여인의 신음을……. 목구멍을 긁어 대는 손톱들의 마찰음을……. 채찍의 비음을……. 시들어 가는 시체들을 갉아먹는 해충들의 꾸물거리는 소리를…….

우리를 그 고상하고 절절한 모험으로 이끄는 것은
아무것도 없다.
아멘. 아멘.
나는 그 어떤 나라에도 관심을 쏟지 않는
무국적의 인간이다.
나는 내 해골의 크기를 재는 어떤 측량기도 거부한다.
크기가 얼마만한 인간인가와 그 일체를.
부디 이것이 쓸모가 있기를, 그러다가 그 쓸모를 배반하고
사려져 가기를.
아멘. 아멘. 그들의 골반에는
이렇게 기록되어 있었다.

그리고 나, 그리고 나는,

두 주먹을 불끈 쥐고 노래를 부르는 나는,
당신은 알아야 한다.
나의 비겁함이
얼마나 긴가를.
전차에서 어느 날 밤, 나를 바라보는 한 흑인이 있었다.
유인원처럼 키가 큰 자였는데, 구석 자리에 쭈그리고 앉아 작아 보이려 애쓰고 있었다. 거인의 것처럼 커다란 발과 굶주린 복서의 떨리는 팔은 더러운 좌석 위에 아무렇게나 올려져 있었다. 아무것도 그의 주변에 남아 있지 않았고, 그 무엇이나 그를 피해 가고 있었다. 그의 코는 황무지를 떠난 섬 같았다. 그의 네그리튀드 역시 햇볕에 그을린 살이 벗겨지듯 윤색되어 가고 있었다. 그를 그을리게 한 것은 가난이었다. 게다가 갑자기 긴 귀를 가진 큰 박쥐가 발톱 자국을 낸 듯한 상처가 얼굴에 나 있어, 진정 무시무시한 섬 같았다. 아니 어쩌면 가난이라는 불량 카트리지를 만드는 지치지 않는 노동자인지도 몰랐다. 저 부지런한 못생긴 엄지손가락에 머리통 하나가 툭 불거져 나온 것 하며, 수평으로 어지럽게 뚫린 두 개의 콧구멍이며, 균형이 맞지 않는 윗입술이며, 마치 의도적으로 그린 익살 만화의 그림처럼 몸 크기에 비해 너무 조그마하여 사라질 듯한 귀를 보면 알 수 있다.
그는 가진 것 없는 흑인이었다.
리듬도 소절도 없는. 피곤에 절어 핏빛이 선 눈동자를 굴리는 흑인이었다.
염치도 모르는 흑인이었다.
고린내 나는 큰 발가락을 질식할 듯한 깊은 신발의 소굴 속에 감추고 있는.

가난이, 말하자면, 그를 끝장낼 요량으로

고통마저 앗아 간 모습이었다.

가난은 그의 동공을 움푹 파고 그 자리에 땟국물과 눈물을 범벅으로 칠해 놓고 있었다. 가난은 견고한 양턱의 끝자리와 늙고 시든 광대뼈 사이의 빈 자리를 잠식해 가고 있었다. 이 자리에 가난은 빛나는 몇 날 며칠의 수염을 심고 있었다. 그리고 가난은 심장을 미치게 하고 등을 굽게 하고 있었다.

이 모든 것이 음습한 이 흑인에게 완벽한 모습으로 얹혀 있었다. 초췌한 흑인, 우울한 흑인, 기진한 이 흑인에게. 매듭 진 작대기에 기도하듯 손을 모은 이 흑인에게. 낡고 실밥이 다 터진 누더기를 걸친 이 흑인. 우스꽝스럽기도 하고 추잡스러워 보이기도 하는 이 흑인에게. 내 뒤의 여자들이 그를 보며 낄낄거리고 있었다.

그는 **우스꽝스럽기도 하고 추잡스러워** 보이기도 했다.

우스꽝스럽기도 하고 추잡스러워 보이기도 했다. 사실이었다.

나 역시 공모의 웃음을 즐기고 있었다…….

나의 비겁함이 다시 얼굴을 내미는 찰나였다!

나는 나의 시민권과

나를 최소한의 피로 지탱해 준 삼백 년의 세월 앞에

머리를 조아렸다.

나의 공명심, 웃기지 마라!

이 도시는 나를 완벽주의자로 만들었다.

내 영혼은 대자로 누워 있다. 이 도시처럼, 대자로

진창 속에.
이 도시는, 마냥 티끌 묻은 내 얼굴이다.

나는 상찬을 받던
내 얼굴을 찾고 싶다!
우리 같은 존재에게, 정력의 골풀과, 승리의
사족四足과, 넓은 미래의 평원은, 과연 우리의 것이
될 것인가.
나는 인정하고 싶다. 나 관대하게 옹알거렸음을,
내 머릿속 심장이 술 취한 무릎 같았다고.

나의 별은 이제 저승의 매다.

이런 고대의 꿈 위에 이는 축제의 잔인함.

(총알이 입속에 가래처럼 고이고
우리의 심장은 날마다 비열함으로 가득하다.
대륙과 대륙을 잇는 가늘고 약한 황무지는 무너지고
땅들은 치명적으로 갈라지는 강들을 따라 폭발한다.
그리고 이제야 이들 고원들의 차례가 찾아왔다.
침묵을 산산이 찢기 위해
수 세기 동안 울음을 참아 왔던 고원들
그리고 사람들은
도약을 독려하고

그 모진 고문으로도 어쩔 수 없었던
우리네 몸뚱이들은 분리된다.
똥 더미에서 튀어 오른 뜨거운 머리통의 삶으로부터
마치 썩어가는 빵이 주렁주렁 열린 과수에서 예기치 않게 수소의 가슴을
닮은 나무가 나오듯!)

이런 고대의 꿈 위에 이는 축제의 잔인함.

운명이 나를 부르고 있었다.
나는 미련한 허영 뒤에 숨어 있었다.
여기 지상으로 끌려 내려온 인간이 있다.
무장해제를 당한 채로.
그의 신성한 말씀들은 무참히 짓밟히고, 그의 경건한
암송은
상처마다 방귀로 새어 나온다.
여기 지상으로 끌려 내려온 인간이 있다.
그의 영혼은 헐벗었다.
운명은 승리의 미소를 짓는다.
전통이라는 흙탕에 빠져 허우적대는
한때 그토록 당당했던 영혼을 바라보며.

나는 말한다, 괜찮다고.
나의 등짝은 채찍 자국을 견디고
승리할 것이므로.

나는 감사할 줄 아는
타고난 나의 순종미를 다듬을 것이다.
그리고 나의 열정은 아바나에 사는 마부의
은빛 찬란한 끼니와,
구성진 원숭이의 노래와,
놀라운 노예근성을 지닌 포주의 미덕을 압도할 것이다.

나는 말한다, 괜찮다고.
이보다 더한 영혼의 바닥도 살아 낸 바 있으므로,
이보다 더한 육체의 풀어짐도 살아 낸 바 있으므로.

고대의 열기와 공포로 따뜻한 자시에는
나도 떨고 우리 모두가 떤다. 우리네 순종의
피는 산호섬에서 노래를 부른다.

내 안에서 부화를 기다리는
명망 있는 내 혈통의 유충을 보라!
화약도 컴퍼스도 만들지 못한 사람들
증기도 전기도 길들이지 못한 사람들
바다도 하늘도 탐험치 못한 사람들
그러나 고통이라는 나라의 가장 낮은 자리를
구석구석 아는 사람들
해본 여행이라곤 이산의 경험뿐인 사람들

무릎에 기대어 잠을 잤던 사람들
사육되어 예수쟁이가 되어 버린 사람들
퇴행을 주입받은 사람들
맨손으로 둥둥 북을 치는 사람들
상처를 공명하는 북을 무심히 치는 사람들
시든 반역의 북을 웃으며 치는 사람들

고대의 열기와 공포로 따뜻한 자시에는
그 순종의 미덕과
그 새빨간 거짓말을 버려야 하리.
그러나 나를 향해 갑자기 쏘아 대는 저 이상한
자부심은 무엇인가.

오라 벌새여
오라 황조롱이여
오라 수평선의 균열이여
오라 개 같은 얼굴을 가진 원숭이여
오라 고래여
바다의 표피를 부수는 진주를 머금은 혁명이여
오라 섬들의 함몰이여
오라 부패한 살들을
맹금의 먹거리로 분해하는 날들이여
오라 미래가 그 작은 대가리를 내미는

다산성의 바다여
오라 일식의 여인숙에서 달이 태양을 만날 때
널린 시체를
야만스럽게 뜯어 대는 늑대여

내 목젖 밑에는
야생 곰의 소굴이 있다오.
일광의 석회석 밑에는
당신의 눈
한 떼의 떠는 무당벌레가 있다오.

무질서의 시선 안에는
한 입 박하와 금작화가 녹아
당신의 빛의 파동 속에서 다시 태어나리.
(오 나의 말에게 자장가를 불러 주오.
봄의 지도는 항상 다시 그려야 한다는
사실을 모르는 아이에게)
풀들은 소를 위해 흔들리라.
달콤한 희망의 여물통을
만취한 바다의 팽창을
한 번도 본 바 없는 둥그런 돌들을, 날카롭게 벼린 돌들을
나의 피로를 넉넉히 덮고 있는
백일초와

코리안테스를 엮는
저녁의 유리질 속 그 줄기를 자르리라.
그리고 당신은, 빛의 뿌리로부터,
선택하리라, 별을, 원숭이처럼 다가오는
그리고 그 끝을 알 수 없는 인간의 정자로부터
불굴의 원형질을.
민감한 자궁이 마치 금광석을 품고 있는 듯

오 자비의 빛이여
오 그 빛의 신선한 근원이여
화약도 컴퍼스도 만들지 못한 사람들
증기도 전기도 길들이지 못한 사람들
바다도 하늘도 탐험치 못한 사람들
그러나 이들 없이는 땅이 땅일 수 없는 사람들
땅이 자신을 버리면 버릴수록
우리는 점점 더 낮게 자라는 혹
우리는 헛간
이 땅에 속하는 모든 것들을
무르익도록 저장하는
나의 네그리튀드는 돌이 아니다.
한낮의 소란을 등지고 앉은 귀먹음도 아니다.
나의 네그리튀드는
이 땅의 죽은 눈가를 흐르는

죽은 바다에 뜬 하얀 반점이 아니다.
나의 네그리튀드는 탑도 성채도 아니다.

붉은 흙살을 파고드는 것
하늘의 붉은 살점을 향해 돌진하는 것
나의 네그리튀드는 너덜너덜 구멍이 나 있다.
너덜너덜 의미 있는 인내심이 심하게 마모되어 있다.

어화둥둥 충성스러운 카일세드라[22]여!
어화둥둥 그 어느 것 하나 발명해 보지 못한 사람들이여
그 어느 곳 하나 탐험해 보지 못한 사람들이여
그 어느 것 하나 길들여 보지 못한 사람들이여

모든 사물의 본질 속에 자신을 묻어 버린 사람들이여
모든 사물의 표면에는 무관심하지만 그 일거수일투족에는 민감한
세상을 길들이려는 욕망으로부터는 초탈해 있지만 그 세상과 더불어

노는 일에는 매우 익숙한
이 세상의 모든 숨결에 열려 있는
모든 숨결의 형제요
신성한 모든 불의 화염이요

---

22) 카일세드라(Kaïlcédrat): 서아프리카에서 자라는 나무.

물길이 마르지 않는 이 세상의 물가요
이 세상의 움직임을 맥박 속에 간직하고 있는
살 중의 살이다.

조상신의 은총이 함께하는 따뜻한 자시에

피여! 피여! 수컷 태양의 심장을 순환하는
우리의 모든 피여
기름진 육체를 가진 달의 여성성을
알고 있는 사람들이여
산양과 별들이 이끄는 화해의 기쁨이여
풀들의
발아와 더불어 사는 사람들이여!
어화둥둥 완벽한 이 세상의 만다라여, 어긋남 없는 조화여!

분명 피곤한 일일 터이지만
백인의 세계에 귀 기울여 보라.
견고한 별들 아래서
반란을 일으키는 접점들 사이로 금이 가는 소리를 들어 보라.
승리를 자축하는
팡파르 소리를 들어 보라.
그들의 무진장한 알리바이를 들어 보라(이쪽저쪽 절뚝거리는 알리바이를).

귀향수첩 51

이들 정복자들을 긍휼히 여길지어다. 전지전능하고 순진한 이들을!

어화둥둥 눈물의 부활이여 마침내 최악의 고통이 다시금 솟아난다.
그 어느 것 하나 발명해 보지 못한 사람들
그 어느 것 하나 길들여 보지 못한 사람들

어화둥둥 기쁨이여
어화둥둥 사랑이여
어화둥둥 눈물의 부활이여 마침내 최악의 고통이 다시금 솟아난다.

그리고 여기 자시의 끝에 내 정념의
기도가 있다.
나 웃음도 울음도 듣지 않기를, 내 눈은
고백컨대 아름다운 이 도시만을 바라보기를
내게 무당들의 원시적인 신앙을 돌려주기를
내 손아귀에 악력의 힘을 돌려주기를
내 영혼에 칼의 정기를 넣어 주기를.
나 튼튼히 서오리다. 내 머리를 뱃머리로 만들어 주기를
나 자신은 아비도 아니고
형제도 자식도 아니기를
아비이자 형제이자 동시에 자식이기를
남편도 아니기를, 단지 이 특별한 사람들의
진정한 연인이기를.

나 모든 허영심과 싸울 수 있기를, 그러나
그 천재성 앞에서는
순종적이기를
죽 뻗은 팔의 주먹처럼
나 그 피의 종이기를
나 그 적의의 신뢰자이기를
나 막을 내리는 인간이기를
동시에 시작을 알리는 인간이기를
나 추수하는 인간이기를
동시에 씨를 뿌리는 인간이기를.

나 실행자이기를
과감한 자들이 하듯 뭔가 중대한 일을
시행할 시기가 왔으므로…….

그러나 형장의 나
그 어떤 증오도 품지 않기를
나 증오로 똘똘 뭉친 인간이 아니기를
그런 인간을 증오하는 인간이기를.
나는 이렇게 독특한 인종으로 태어났다.
내 폭군 같은 사랑에 대해서는 그대도 알 것이다.
나의 박해는
다른 인종에 대한 증오 때문이 아니다.

내가 바라는 것은 이것뿐이다.
우주적인 궁기와

우주적인 갈증을 해결하는 것.
마침내 이 인종에게 해방을 처방하는 것,
그들의 끈끈한 결속에서
달콤한 과즙을 짜내는 것.

보라. 우리들 손에 들린 나무는 만인의 것이다!
몸통에 난 상처를 아물게 하고
토양을 길들이며
가지마다 성마른 떡잎들의 머리를 피운다!
그러나 나 이 미래의 과수원에 발을 들이기 전에는
나 이 과수원을 바다 한가운데 둘 것이외다.
미끈한 돛단배가 한가로이 떠다니는
부패한 대양 위에서
육지를 기다리는 동안 내 심장을 내게 돌려주시오.
변덕스러운 그 바다 위로
고집스럽고 당당한 카누와
그 놀라운 이별의 힘을 내게 주시오.

여기 포말의 파도 위로
앞서거니 뒤서거니, 오르락내리락하는,
여기 잿빛 도시의 면전에서

신성한 춤을 추는
여기 현기증 나는 람비[23]를 포효하며
그 춤을 등에 지고 우유부단한
고원 위를 오르는
반복적으로 스무 차례나 쟁기질을 해대는
노가 물살을 가른다.

그 칼날의 힘으로 배가 앞으로 나아간다.
이따금 헛돌기도 하면서
노 또한 따라 헛돌면
배는 물살을 타고 솟아오르고
떨림은 파도의 등뼈를 타고 가라앉는다.
썰매처럼 모래 위 배가 정박한 해변을
바다는 입가에 거품을 빼물고 꾸짖는다.

자시가 끝나 갈 즈음에, 내 정념의 기도는
저 노여운 바다 위에 배 같은 근육을 허락하시기를
희소식의 람비가
전하는 진정한 즐거움을 허락하시기를!

보라, 이제 나는 한 인간일 뿐이다. 더 이상의 추락도,

---

23) 람비(Lambi): 춤의 일종으로, 람바(Lamba)라는 이름으로 알려져 있다.

내 얼굴을 향해 뱉어 대는 한 줌의 가래도 더 이상 나를 교란하지 않는다.
나 수용할 줄 아는 인간이므로, 더 이상의
분노도 없다.
(그는 가슴속에 영원히 불타는 무한한 사랑만을 품고 있을 뿐이다)

나는 인정한다…… 나는 인정한다…… 전적으로,
주저 없이…….
백합과 섞인 우슬초의 세정제로도 정화할 수 없는
내 피부색을.
내 피부색은 얼룩져 있다.
내 피부색은 만취한 발로 포도를 농익힌다.
경멸과 나병의 여왕
채찍과 종기의 여왕
비늘과 반점의 여왕
(밤나무 촛불이 켜진 봄밤의 정원 저편에서
나 오직 그대만을 사랑했다!)
나는 인정한다. 나는 인정한다.
타작을 당한 흑인은 말한다. "잘못했습니다요, 나으리."
이어지는 스물아홉 차례의 합법적인 매질과
4피트 높이로 부어오르는 거죽과
그 죄과로 주어지는 사슬과
달아나고픈 객기의 닭다리 힘줄과

부드러운 어깨 살 위에 붉게 찍힌

지글지글 연기를 피워 올리는 시뻘건 백합 문양의 딱지와

볼티에르 마엔쿠르 씨의 개집에서 마냥 짖어 대던

육 개월간의 개 같은 날들과

브라팽 씨와

드 프르놀 씨와

드 라 마호디에르 씨와

뱃머리의 요동

감시자들

자살

음탕함

해고

감금

고문

수갑

머리 잠금쇠

이 정도의 모욕감으로도 불충분한가

무릎에 밴 이 정도의 군살로도 모자란가

이 정도의 등 근육으로도 부족한가

나 아직도 더 진창에서 벅벅 기어야 하는가

진흙으로 똥칠을 해야 하는가

뭔가를 더 퍼 날라야 하는가

흙투성이의 땅. 흙투성이의 수평선. 흙투성이의 하늘을.
진창에서 죽어 간 사람들, 아, 손바닥 위에서 뜨겁게 타오르는 이름들
이여!

시메옹 피킨,
아버지도 어머니도 모르던 그.
그 어떤 구청에서도 호적을 만들어 주지 않았던 그.
그는 인생을 통째로 자신의 이름을 찾는 일에 탕진했다.

그랑보르카,
내가 그에 대해 아는 것이라곤 그가 죽었다는 것,
추수철 어느 밤 차에 깔려 죽었다는 것.
그는 자동차 바퀴 밑에 모래를 깔아 차의 진행을 돕는 일을 했던 것으
로 보인다.

내게 이상한 서명을 보내 온 미셸.
미셸 드벤. 주소 불명. 그리고 그대들
바로 그네들의 살아 있는 형제들.
에그젤리에 베트 콩골로 렝케 부솔롱고
벌어진 상처의 뿌리에 젖은
독소의 고집스러운
비밀을 두꺼운 입술로 핥던
치료사는 어디 갔는가?

당신들의 발목에서
따뜻한 죽음의 족쇄를 풀던
그 부드러운 무당들은 어디 갔는가?

당신들은 여기에 있지만 나는 평화를 구하지 않을 것이다.
세상이 당신들의 등짝에 업혀 있는 한.

바다의 상처 같은 섬들
그 상처의 흔적 같은 섬들
으깨진 섬들
무형의 섬들.

찢어져 물 위를
떠다니는 종이 같은 섬들
태양의 불칼에 부딪혀 깨진 칼날 같은 섬들
나 날려 보낸다

그대의 모습
무형의 섬들을.
내 갈증의 조류에 순종하는 바다 위로
터무니없이 나 그대의 반란과 나의 저항마저도.
괴팍한 이성도 나를 막지 못할 것이다.

반지 같은 섬, 사랑스러운 배여

나 그대를 이 대양 같은 손으로 껴안을 것이다.
나 그대의 손을 잡고 빙빙 돌 것이다
적도를 향해 부는 미풍 같은 말로.
나 그대를 애무할 것이다
해조류의 혀로.
나 아무 사심 없이 그대를 급습할 것이다.

부드러운 죽음의 늪!
난파선의 파편! 나는 인정한다!

자시가 끝나 갈 즈음에, 사라진 연못들,
길 잃은 냄새들, 방황하는 태풍들, 돛 내린 배들,
낯익은 상처들,
부패한 뼈들, 부표들, 사슬에 묶인 화산들,
뿌리를 잘못 내린 죽음들,
날카로운 울음들. 나는 인정한다!

까만 내 인종의 자리마저도.
그건 나를 위해 만들어진 세상의 지도이다.
학교 다니는 아이들의 인공 물감이 아니라
나를 나이게끔 기하학적으로 분리한
핏물로 채색한 그 지도를,
나는 인정한다.

그리고 나에 관한 생물학적 의미마저도, 얼굴 각에만
국한하지 않고, 머리칼의 모양, 푹 가라앉은 코,
시꺼먼 피부색마저도,
네그리튀드는 이제 더 이상 두개골의 지표도
혈청도 체세포도 아니다.
우리는 고통이라는 잣대로만 잴 수 있는
인간이다.

그리고 흑인은 날마다 저급해지고, 소심해지고,
무기력해지고, 가벼워지고, 낭비벽이 심해지고,
자신으로부터 소원해지고, 스스로에게 교활해지고,
스스로에게 솔직해지지 않음을,

나는 인정한다, 이 모든 걸 나는 인정한다.

그리고 흐느끼는 삭망 아래로 부서지는 왕궁 같은 바다 저 멀리 내 조국의 몸뚱이가 기적적으로 내 절망의 손바닥에서 다시 일어나고 뼈들이 소스라치며, 동맥이란 동맥마다 파뿌리 상처에 맺힌 식물성 우유 방울처럼 피들이 맺혀 있음을…….

그리고 이제 갑작스러운 힘과 삶이 황소처럼
나를 공격하고 삶의 파도가 구릉의 젖꼭지를
타고 흐르며, 동맥과 정맥에는 새 피들이 수혈되고,

거대한 태풍의 배가 씰룩거리며, 화산 속으로는
불길이 숨어들고,
대지진의 맥박이 열기로 뒤덮인 한 살아 있는
육체의 한계를 두드리고 있음을.

자 이제 직립하라, 조국이여 그리고 나 자신이여,
바람결에 휘날리는 머리칼이여,
불끈 쥔 내 작은 손이여 그리고 우리 안에 있지 않고
밤새 태어난 저 너머 목소리 속에 있는
우리의 힘이여
계시적인 말벌의 벌침처럼 그 소리를 듣고 있는 자들이여.
목소리는 말한다.
수 세기 동안 유럽은 거짓으로 전염병으로
우리를 질식시켰다고.
왜냐하면
인간의 노동은 끝났고
우리는 더 이상 이 세상에서 할 일이 없으며
우리는 이 세상의 기생충이고
우리의 일이란 세상과 보조를 맞추는 것이라는 말은
모두 사실이 아니므로.
인간의 노동은 이제 비로소 시작이다.
인간이 자신의 열정의 네 귀퉁이를 정복하고
각각의 엄격한 금기들을 넘어서는

노동은 여전하다.
어떤 인종도 미와 지, 그리고
힘을 독점할 수는 없다.
정복이라는 만남의 장소는 누구에게나 열려 있다.
이제 우리는 안다.
우리만이 선택한
한 음모를
태양의 계시가 지구 주위를 돌고 있다는 것을
별이란 별은 모두 우리의 주문에 따라
천상에서
지상으로
한계도 없이 주저함도 없이
추락한다는 것을.

이제 나는 시련의 의미를 안다. 내 조국은
고대 밤바라 족[24]의
'밤의 수호자'이다. 그 수호자의 창끝은 움츠러들었다가
닭 피를 보는 순간 필살의 창날을 휘두른다.
그 성미는 인간의 피를 부르고,
인간의 군살을 부르고,
인간의 내장을 부르고,

---

24) 밤바라 족(Bambaras): 서아프리카 말리 공화국의 니제르 강(Niger) 유역에 사는 부족.

인간의 심장을 부른다,
닭 피가 아닌.

그러므로 나 역시 내 조국을 부른다. 세월의 심장이 아니라
박력 있게 피를 터뜨리는 인간의 심장을 부른다.
인간으로 하여금
그 거대한 사다리꼴의 성문을 열고 은빛 도시에
입성할 수 있도록, 내 눈들은
내가 태어난 땅을 쓸어내리며
나는 기쁘게 상처들을 헤아리고 쌓아 올린다.
하나하나 희귀종을 쌓듯이, 그리고
그 헤아림은 기대치 않았던
끔찍한 것들과 새로 분칠한 것들의 출현으로
끝없이 이어진다.

신을 닮지 않고 악마를 닮았다는 사실을
견디지 못하는 사람들이 있다. 흑인으로
태어난다는 것이 승진의 희망도 없이
좀더 나은 뭔가를 기다리는
말단 서기나 되는 양 생각하는 사람들이 있다.
스스로에게 항복한 사람들이 있다. 스스로의 가슴속에
깊게 파인 심연의 한 모퉁이 속에서 칩거하는
사람들이 있다.

유럽에 대고 이렇게 말하는 사람들이 있다.
"자, 보라고! 나도 당신들처럼
한 발을 뒤로 빼고 허리 굽혀 인사할 줄 안다고.
그리고 당신들처럼
나 자신을 존중할 줄도 알고, 나는 당신들과
전혀 다른 사람이 아니라고.
그러니 내 까만 피부는 제발 잊어버리라고.
그건 햇볕에 그을린 탓일 뿐이라고."

흑인 중엔 포주와 식민주의자들에게
부역한 경찰들도 있다.
얼룩말들은 모두 나름의 방식으로 몸을 떨어
각자의 몸에 난 빗금들을 신선한 우유 방울 속에
쏟아붓는다.

이 모든 것을 지켜보면서 나는 소리친다,
만세! 내 할아비가 죽어 가고 있다.
만세! 조금씩조금씩 그 낡아 빠진 네그리튀드가
시체가 되어 가고 있다.
이 사실은 도저히 거부할 수 없다.
그는 괜찮은 검둥이였다.
백인들이 말했다. 그는 괜찮은 검둥이였다고,
진정 그럴듯한 검둥이였다고,

괜찮은 주인 밑의 괜찮은 검둥이였다고.
나는 소리친다, 만세!
그는 진정 괜찮은 검둥이였다.
불행이 그를 앞뒤로 덮친다. 그들은 그의 가여운 머리를
세뇌한다. 그에게 억압은 피할 수 없는 운명이라고,
그로서는 그 운명을 어찌해 볼 도리가 없다고.
진노한 신께서 그의 타고난 골반 속에
영원한 금기들을 적어 넣으셨다고. 착한 검둥이가 되려면
자신의 무가치함을 정직하게 받아들여야 하고
언감생심 그 운명의 상형문자를 해독하고자 하는
변태적인 호기심을 키우지 말라고.

그는 진정 괜찮은 검둥이였다.

그리고 그 일은 진정 그에게 일어나지 않았다.
호미를 들고 땅을 파고 무언가를 자르는 일은.
그 말라빠진 사탕수수 외에는.

그는 진정 괜찮은 검둥이였다.

그리고 그들은 그에게 돌멩이를 던졌다. 쇠 조각을,
깨진 병 조각을. 그러나 이 돌멩이도
쇠 조각도 하물며 병 조각도…….
아, 혼란의 지상 위로 이어진 침묵하는 신의 세월.

그리고 채찍은 달콤한 이슬 같은 우리들의 상처 위로
달려드는 파리 떼들과 아귀다툼을 벌였다.

나는 외친다, 만세! 늙은 여우 같은 네그리튀드가
갈수록 시체가 되어 가고 있다.
지워진 수평선이 점점 더 밀려나고 있으며
찢어진 구름 사이로 번개의 징후를 드러내고 있다.

노예선은 두 쪽이 나고……. 갑작스레 오그라드는
배 속에선
수상한 소리들로 시끄럽다.
흉폭한 바다가 삼켜 버린 짐은
징그러운 촌충처럼 그 내장을 파먹고 있다.
그 무엇으로도 낮게 으르렁대는 내장들의 협박은
익사시킬 수 없다.

헛되도다,
금전으로 가득 찬 지갑 같은 항해의 기쁨은.
헛되도다,
어리석은 해양 경비선이 허락한 눈속임은.
헛되도다,
선장이 문제의 검둥이를
활대 끝에 매달거나,

수장을 시키거나,
사냥개의 먹이감으로 내던진다 해도.

사방으로 흩어진 피 속에서
튀긴 양파 냄새를 맡는 검둥이들은
자유의 쓴맛을 알게 되고
마침내 그들은 두 발로 서게 된다.

검둥이,
앉아만 있던 검둥이들이

예기치 않게 두 발로 서게 된다.
두 발로 견고하게
두 발로 선실 위에
두 발로 갑판 위에
두 발로 바람 속에
두 발로 뙤약볕 아래
두 발로 피 속에
     두 발로
         그리고
            자유인으로
두 발로 놀라운 집중력으로
바다 위의 자유인으로 아무것도 소유하지 않은 채

뱃머리를 돌려 표류하면서
놀랍게도
두 발로
삭구 위에 두 발로
조타 장치 위에 두 발로
컴퍼스 위에 두 발로
지도 앞에 두 발로
별들 아래 두 발로

    두 발로
        그리고
            자유인으로

그리고 속죄의 배는 두려움 없이 나아간다
빈 바다로.

부끄러운 우리의 선원들은 썩어 없어져라.
오후의 포효하는 바다여
한밤중에 잎을 내미는 태양이여

동방의 열쇠를 쥐고 있는 황조롱이여
내 말하노라
무장해제한 날이여
곧 닥칠 한바탕의 빗줄기여

서쪽을 노려보고 있는 폭풍우여, 내 말하노라.

북쪽의 흰 개여
남쪽의 검은 뱀이여
하늘을 가린 그대들 둘에게 내 말하노라.
바다 하나를 더 넘어 보라고
바다 하나를 더 넘어 보라고.
아 하나 더 넘어야 할 바다
그리하여 내 몸을 다시 지을 수 있도록
그리하여 왕자가 침묵할 수 있도록
그리하여 여왕과 사랑을 나눌 수 있도록
늙은이를 한 명만 더 죽이라고
미친 자를 한 명만 더 놓아주라고
그리하여 내 영혼이 빛나고 그 빛남을 위해 개처럼 짖을 수 있도록
멍 멍 멍.
그리하여 올빼미가 후루루룩 까무러칠 수 있도록,
내 사랑하는 호기심의 천사가.
웃음의 달인이 누구인지 묻지 마라.
그 끔찍한 침묵의 주인이 누구인지 묻지 마라.
희망과 절망의 주인도
게으름의 주인도,
춤의 달인도
바로 나 자신이므로!

이를 위하여, 오 주여,
모가지가 약한 자에게는
그 끔찍한 삼각의 침묵이 어울리나이다.

그러나 제겐 저의 춤이
저의 형편없는 검둥이 춤이
굴레를 깨는 춤이
감옥을 부수는 춤이
흑인이기에-아름답고-옳으며-정당한 춤이
제게는 저의 춤이 어울리나이다.
태양으로 하여금 제 라켓 같은 손에서 뛰놀게 하소서.
더 이상, 불평등의 태양은 더 이상 충분치 않나이다.
저로 하여금 바람에게 이렇게 속삭이게 하소서.
저의 새로운 생장 위로 당신을 감으소서.
저의 반듯한 손가락 위로 당신을 눕히소서.
저 당신께 양심과 날것의 맥박을 드리나이다.
저 당신께 나의 연약함을 달구는 화로를 드리나이다.
저 당신께 늪을 드리나이다.
저 당신께 바람이 드나드는
삼각지대[25]의 밀실을 드리나이다.

---

25) 노예무역의 삼각지대를 일컫는 말로 서아프리카의 해안과 동부 아메리카의 해안, 그리고 카리브 해를 잇는 지대를 지칭한다.

저 당신께 빠른 언약을 드리나이다.
받아 주소서, 그리고 보호해 주소서.
그리고 격렬한 몸부림의 입맞춤을 선사해 주소서.
입 맞추소서, 제가 분노의 우리가 될 때까지.
입 맞추소서, 입 맞추소서, 우리를
깨물어 주소서.
우리의 피가 피를 흘리도록 깨물어 주소서!
입 맞추소서, 저의 순결은 오직 당신의 것이옵나니.
입 맞추소서.
한밤의
필라오[26]의 들판처럼
우리네 총천연의 순결이여
저를 붙들어 매소서, 회한이 없도록 저를 붙들어 매소서.
저를 붙들어 매소서, 당신의 넓은 품으로 날이 새도록.
이 세상의 가장 낮은 곳으로
제 검은 품성을 붙들어 매소서
저를 붙들어 매소서, 저를 붙들어 매소서, 쓰디 쓴 형제애를.
당신의 별빛 밧줄로 제 목을 조르소서 그리고 부활하소서.
비둘기로
부활하소서
부활하소서

---

26) 필라오(filao): 습지대에서 자라는 열대식물.

부활하소서
저 당신을 따르오리다, 따르오리다,
제 하얀 눈 속 망막에 찍힌 당신을.
부활하소서 하늘을 애무하는 자여,
그리고 위대한 블랙홀을 애무하는 자여,
저는 거기 달 속에 빠져 죽기를 원하였나이다.
거기서 소용돌이 도는 새까만 밤의 사악한 혀를
건져 내곤 했나이다!

|옮긴이 해제|

네그리튀드의 고전 『귀향 수첩』 읽기

1. 에메 세제르

에메 세제르(Aimé Césaire)는 1913년 6월 26일 카리브 해의 조그만 섬 마르티니크에서 6남매 중 둘째로 태어났다. 12살에 포르드프랑스로 이사한 세제르는 그곳에서 학교를 다니던 평생지기 레옹 다마(Léon Damas)를 만난다. 식민지 고향에서 중등학교까지 마친 세제르는 1931년 마침내 그토록 소망하던 프랑스 파리로 유학을 떠나게 되고, 거기서 선배이자 동료이며 동시에 필생의 라이벌인 일곱 살 연상의 레오폴 세다르 상고르(Léopold Sédar Senghor)를 만난다. 그와의 교류 과정에서 소위 네그리튀드(Négritude)라는 알심은 영글기 시작한다.

에메 세제르는 1937년 동향 출신의 처자 수잔 루시(Suzanne Roussi)를 만나 결혼을 하고 함께 『열대』(*Tropiques*)라는 문예지를 편집하면서 본격적인 시작(詩作)을 개진한다. 시 외에도 그는 이 저널에 미국 흑인 시인들에 대한 이론적인 글들뿐만 아니라 로트레아몽에 관한 글, 그리고 그 유명한 「시와 지식」(Poésie et connaissance, 1945)이라는 평론 등을 상자하기도 한다. 1934년 카리브 해와 아프리카 출신의 파리 유학생들이 주축이 되어 만든 최초의 저널인 『흑인 학생』(L'Étudiant noir)에 간간이 글을 싣던 세제르는 『열대』라는 저널의 창간을 통해 일련의 문제작들을 생산하기에 이른다. 『열대』는 차후에 세제르가 다마 및 상고르와 더불어 네그리튀드 시작의 이론적 기초를 놓는 데 든든한 노둣돌 구실을 하게 되고, 이 저널에 실린 세제르의 시들은 후에 『놀라운 무기들』(Les armes miraculeuses, 1946)이라는 시집으로 출판된다.

세제르는 1939년 마침내 8년 동안의 파리 유학생활을 정리하면서 자신의 처녀작이자 문제작인 서사시집 『귀향 수첩』(Cahier d'un retour au pays natal)을 출판한다. 그러나 당시는 2차 대전의 전운이 감돌던 때라 세인의 이목을 끄는 데 실패한다. 정작 이 시집이 인구에 회자되기 시작하게 된 계기는 매우 우연한 기회를 통해서 이루어진다. 1941년 나치의 폭정을 피해 미국으로 달아나다 마르티니크에 잠시 여정을 푼 '초현실주의의 교황' 앙드레 브르통(André Breton)과 인류학자인 클로드 레비스트로스(Claude Lévi-Strauss), 그리고 앙드레 마송(André Masson)이 『열대』라는 저널을 우연히 읽게 된다. 이 저널에 쓰인 세제르의 시에 흥미를 느낀 앙드레 브르통은 내친 김에 『귀향 수첩』을 통독하게 되고 마침내 1947년 보르다(Bordas)판 『귀향 수첩』에 서문을 쓰기로 작정한다. 『새로운 흑인들과 마다가스카르의 시선집』(Anthologie de la nouvelle poésie nègre et malgache de langue française, 1948)이라는 상고르가 편집한 책이 사르트르(Jean Paul Sartre)의 「흑인 오르페」(Orphée noir)라는 서문을 통해 유명해진 것처럼, 세제르의 『귀향 수첩』 역시 역설적이게도 브르통의 서문을 통해 유명세를 타게 된다.

오늘날 그 어떤 백인도 감히 다룰 수 없는 방식으로 불어를 구사하고 있는 [이 시집의 주인]은 흑인이다. 미지의 영역으로 우리를 인도하고 있는 이도 흑인이다. …… 그러나 이 흑인은 단순히 흑인일 뿐만 아니라 보편적인 인간이기도 하다. 인간적인 회의와 분노, 희망과 환희를 노래하는 보편적인 인간 말이다. 그가 내게는 더할 나위 없이 인간적인 존엄을 상징하는 원형처럼 보인다.

이 시집의 유명세가 역설적이라는 이유는 프란츠 파농(Frantz Fanon)의 경우 앙드레 브르통이 쓴 위의 서문을 "인종차별주의에 기반한 상찬"이라고 비판하기 때문이다. 다시 말해, 세제르 문학에 대한 객관적인 평가가 아니라 "흑인도 이렇게 고차원적인 불어를 구사할 수 있다는 것에 대한 놀라움의 표시" 그 이상도 이하도 아니라는 것이다. 세제르는 마르티니크로의 영구 귀국 후 고등학교에서 잠시 교편을 잡던 시절 후에 자신의 애제자이자 문학적 정적이 되는 프란츠 파농과 에두아르 글리상(Édouard Glissant)을 가르치기도 한다.

프랑스 유학 시절 공산당의 진성 당원으로 정계에 입문한 세제르는 귀향 후 얼마 지나지 않아 마르티니크의 수도인 포르드프랑스의 시장으로, 그리고 프랑스 의회에서 마르티니크를 대표하는 의원으로 정계를 은퇴할 때까지 봉직하게 된다. 그러나 프랑스의 공산당이 계급 문제에 지나치게 집착한 나머지 인종 문제가 갈등의 핵심인 마르티니크 흑인의 문제에 제대로 대처하지 못한다는 명분을 내걸고 1956년 공산당을 탈퇴한다. 그로부터 1년 후 그는 '마르티니크 진보당'이라는 이름의 정당을 창당한다. 세제르가 공산당을 탈당하게 된 이유는 그가 당시 프랑스 공산당의 당 서기였던 모리스 토레즈에게 보낸 편지에 잘 압축되어 나타난다. 「모리스 토레즈 당서기에게 드리는 편지」(Lettre à Maurice Thorez, 1956)라는 글에서 그는 이렇게 쓴다.

> 제가 원하는 것은 맑스주의와 공산주의가 흑인들에게 봉사하는 것이지, 흑인들이 맑스주의와 공산주의를 위해 봉사하는 것이 아닙니다. 아울러 이론과 실천이 인간을 위한 것이어야지, 인간이 이론과 실천을 위한 것이 되어서는 안 됩니다.

이러한 문제의식의 연장선상에서 세제르는 프랑스의 진보적인 사상가인 로제 카이와(Roger Caillois)와 옥타브 마노니(Octave Mannoni)도 비판한다. 이에 관한 책이 1955년에 출간된 『식민주의에 대한 담론』(Discours sur le colonialisme)이다. 그는 이 책에서 위의 두 사상가의 진보 이론이 식민지 현실을 간과함으로써 종국에는 식민주의 이론에 포섭되고 있다고 혹독하게 비판한다.

마르티니크로의 귀국 후 참담한 식민지 현실에 눈을 뜨기 시작하는 세제르는 습작 시절부터 답습해 온 초현실주의 풍의 시류를 버리고 마침내 보다 첨예한 정치의식으로 무장한 시를 선보이기 시작한다. 1948년에 상자한 『매 맞은 태양의 목구멍』(Soleil cou-coupé)과 1950년에 발표한 다소 자폐적이면서 동시에 네그리튀드 미학에 기초한 정치적인 시편들로 가득한 『잃어버린 몸』(Corps perdu), 그리고 1960년 독립이냐 제휴냐의 갈림길에 서 있던 조국의 운명을 바라보며 쓴 『갑옷』(Ferrements)이 대표적이다. 이후 세제르는 오랫동안 시집을 출판하지 않는다. 세제르는 이 시기에 네그리튀드 계열의 시인이 아닌 희곡작가로서 명성을 쌓기 시작한다. 1963년에 발표한 『크리스토프 왕의 비극』(La tragédie du roi Christophe)을 위시하여 1966년 콩고의 진보적 정치가 루뭄바(Patrice Lumumba)를 대상으로 쓴 『콩고에서의 한 철』(Une saison au Congo), 셰익스피어의 『태풍』(The Tempest, 1611)을 카리브 해의 문맥으로 재해석한 『어떤 태풍』(Une tempête, 1969) 등이 이 시기에 쓰인 대표적 저작이다.

2. 『귀향 수첩』과 네그리튀드

카리브 해인 특유의 역사적 상상력으로 무장한 『귀향 수첩』은 1,055행에 이르는 서사시로 수많은 신조어를 창발적으로 길어 낸 저작이기도 하다. 그 기원을 알 수 없는 '네그리튀드'라는 용어 역시 이 시집에서 최초로 호출된 신조어다.

    화약도 컴퍼스도 만들지 못한 사람들

증기도 전기도 길들이지 못한 사람들

바다도 하늘도 탐험치 못한 사람들

그러나 이들 없이는 땅이 땅일 수 없는 사람들

땅이 자신을 버리면 버릴수록

우리는 점점 더 낮게 자라는 혹

우리는 헛간

이 땅에 속하는 모든 것들을

무르익도록 저장하는

나의 네그리튀드는 돌이 아니다.

한낮의 소란을 등지고 앉은 귀먹음도 아니다.

나의 네그리튀드는

이 땅의 죽은 눈가를 흐르는

죽은 바다에 뜬 하얀 반점이 아니다.

나의 네그리튀드는 탑도 성채도 아니다. (본문 49~50쪽)

장차 20세기 문학사의 인식론적 전환을 선고하게 될 네그리튀드라는 용어의 역사적 운명은 이렇게 다소 선언적으로 선포되었다. 기실 자학적이고 비루하며 반어적인 선언이었다.

내 이름은 보르도, 낭트, 리버풀, 뉴욕 그리고 샌프란시스코다. 이 세계의 후미진 구석이 아니다. 마천루의 등짝마다 내 엄지손가락 지문과 뒤꿈치 표시가 찍혀 있다. 빛나는 보석마다 내 손때가 묻어 있다! (본문 24쪽)

세제르에게 네그리튀드의 자학적 수사와 반어적 특성은 운명이었다. 그 점은 상고르에게도 마찬가지였다. 왜냐하면 식민지의 흑인은 "더 이상 다호메이 왕의 궁정에 있던 여전사"들도 아니고, "팔백 마리의 낙타를 거느리고 있던 가나의 왕자"도 아니며, "아스키아 황제의 치세 시 팀북투의 박사들"이 아닌 것은 물론이고 "젠네의 건축가들도, 마디도, 전사들"도 아니기 때문이다. 그저 "경멸과 나병의 여왕/채찍과 종기의 여왕/비늘과 반점의 여왕"일 뿐만 아니라 "노예선의 토사물"과 "칼라바의 사냥감" 같은 "추악한 반투 족"일 따름이기 때문이다. "아버지도 어머니도 모르던" "시메옹 피킨"과 "추수철 어느 밤 차에 깔려 죽었다는" "그랑보르카" 같은 "낯익은 처참함"의 대명사이기 때문이다. "자시가 끝나 갈 즈음에, 사라진 연못들,/길 잃은 냄새들, 방황하는 태풍들, 돛 내린 배들,/낯익은 상처들,/부패한 뼈들, 부표들, 사슬에 묶인 화산들,/뿌리를 잘못 내린 죽음들,/날카로운 울음들"의 은유일 뿐이기 때문이다.

세제르가 구사하는 네그리튀드 수사학의 역설적 긴장은 '정치의식'과 '인종의식'의 절합에서 비롯한다. 양자가 각기 극단으로 치닫지 않고 균형감을 견지하고 있기 때문이다. 특히 세제르는 인종 문제를 전경화하면서 동시에 그 과잉을 경계함으로써 상고르와 달리 '인종결정론'으로 함몰되지 않는다. 그가 아이티에서 무소불위의 권력을 집행하던 파파독 뒤발리에르(Papa Doc Duvalier)의 흑인전체주의를 비판적으로 조감하던 것도 그 때문이다.

물론 많은 평자들이 세제르 시작(詩作)의 인종주의적 함의를 의심의 눈으로 바라보는 것도 사실이다. 그러나 세제르가 인종학적 도량화를 통해 흑인을 열등한 종적 존재로 규정하려던 당대 민속학 혹은 인류학에 대한 반발로 인종 문제를 거론하고 있다는 점에서 그 혐의는 객관성이 다소 떨어진다. 1855년 고비뇨 백작(Arthur de Gobineau)은 『인종 간 불평등에 관한 소고』(Essai sur l'inegalite des races humaines)에서 이렇게 쓴다.

검은 피부는 실로 다양하지만 그 피부의 소유자는 모두 미천하고 보잘것없다. 그들의 골반 속에 각인된 금수 같은 특성은 잉태의 순간부터 자신들의 운명을 결정한다. 사고 능력이 떨어지는 것은 물론이다. 아니, 사고하는 능력 자체가 아예 존재하지 않는 것은 아닌지 모르겠다. 물론 열정과 의지를 가지고 놀라운 집중력을 보이는 때도 있다.

세제르는 고비뇨 및 레오 프로베니우스(Leo Frobenius) 그리고 레비-브륄(Lévy-Bruhl) 류와 같은 당대의 인류학자 및 민속학자들, 나아가 유럽의 대중 일반들이 지니고 있던 아프리카인들 혹은 유색인 일반에 대한 소위 '과학적 편견'을 부정하는 차원에서 『귀향 수첩』을 전개한다. 다시 말해 그는 흑인으로서의 자신의 '생물학적 나아가 존재론적 사실'은 인정하지만, 그 사실에 대한 '과학적 왜곡'은 거부한다는 것이다. 네그리튀드는 이 '과학적 왜곡'에 대한 그의 시적 저항인 것이다.

…… 나는 인정한다!

까만 내 인종의 자리마저도.
그건 나를 위해 만들어진 세상의 지도이다.
학교 다니는 아이들의 인공 물감이 아니라
나를 나이게끔 기하학적으로 분리한
핏물로 채색한 그 지도를,
나는 인정한다.

그리고 나에 관한 생물학적 의미마저도, 얼굴 각에만
국한하지 않고, 머리칼의 모양, 푹 가라앉은 코,
시꺼먼 피부색마저도,
네그리튀드는 이제 더 이상 두개골의 지표도
혈청도 체세포도 아니다.
우리는 고통이라는 잣대로만 잴 수 있는
인간이다. (본문 60~61쪽)

세제르는 "두개골의 지표도 / 혈청도 체세포도" 아닌 "고통"을 통해 형량이 가능한 인간이 흑인임을 고백하면서 동일한 "고통"을 겪고 있는 유색인 혹은 피부색을 초월한 피억압자 간의 연대를 모색한다. "떠날 바에야, / 하이에나 같은 인간이나 표범 같은 인간이 있듯이, / 나는 유태인이 되겠다 / 나는 카피르인이 되겠다 / 콜카타 출신의 힌두교도가 되겠다 / 투표권이 없는 할렘 사람이 되겠다." 이는 세제르에게 '흑인성'이란 단순히 피부색만의 문제가 아니라 '정치적 의식'의 문제임을 입증한다.

그러나 기왕의 유럽 학자들은 네그리튀드의 실존적인 의미를 제대로 천착하는 데에는 실패한다. 네그리튀드를 헤겔주의자의 입장에서 일련의 '반정립'으로 선언한 사르트르가 대표적인 사례에 속한다. 사르트르는 상고르가 편집한 『새로운 흑인들과 마다가스카르의 시선집』의 서문에서 네그리튀드를 "반정립적 가치"라고 확고하게 명명한다.

사실 네그리튀드는 변증법적 전개 과정의 한 미약한 단계처럼 보인다. 백인의 우월성에 대한 이론적·실천적 긍정이 정(正)이라면, 반(反)정립적 가치에 속하는 네그리튀드의 지위는 부정의 순간에 불과하다. 물론 이 부정의 순간은 그 자체로는 완전하지 않다. 이 점은 흑인 시인들이 더 잘 알 것이다. 그들은 이 부정의 순간이 합(合)으로 나아가기 위한 한 과정, 즉 인종차별이 없는 인간 사회를 실현하기 위한 한 과정임을 잘 알 것이다. 네그리튀드가 스스로를 파괴의 대상으로 삼는 이유도 그 때문일 것이다. 네그리튀드는 통과의례이지 종착점이 아니며, 수단이지 궁극적인 목적이 아니기 때문이다.

사르트르의 명백한 오독이다. 그 오독은 유럽중심주의에서 비롯한다. 사르트르는 별 의심 없이 "백인의 우월성"을 정립의 지위에, 네그리튀드를 "반정립"이라는 대척점에 각각 배치한다. 정립이 없는 반정립이란 존재할 수 없는바, 사르트르는 이러한 변증법적 배치를 통하여 네그리튀드의 완전한 존재론적 지위를 박탈함은 물론 그것을 영원한 타자로 환원한다. 그에게 네그리튀드는 "인종차별주의에 저

항하는 인종차별주의" 그 이상도 그 이하도 아닌 것이다.
그러나 세제르는 『귀향 수첩』에서 이렇게 쓴다.

북쪽의 흰 개여
남쪽의 검은 뱀이여
하늘을 가린 그대들 둘에게 내 말하노라.
바다 하나를 더 넘어 보라고
바다 하나를 더 넘어 보라고.
아 하나 더 넘어야 할 바다
그리하여 내 몸을 다시 지을 수 있도록
그리하여 왕자가 침묵할 수 있도록
그리하여 여왕과 사랑을 나눌 수 있도록
늙은이를 한 명만 더 죽이라고
미친 자를 한 명만 더 놓아주라고
그리하여 내 영혼이 빛나고 그 빛남을 위해 개처럼 짖을 수 있도록
멍 멍 멍.
그리하여 올빼미가 후루루룩 까무러칠 수 있도록. (본문 70쪽)

"네그리튀드가 스스로를 파괴의 대상으로 삼는 이유"가 그것의 "반정립적 가치"라는 운명에서 기인한다는 사르트르의 지적에 대해서도 세제르는 담담하게 토로한다.

어떤 인종도 미와 지, 그리고

힘을 독점할 수는 없다.

정복이라는 만남의 장소는 누구에게나 열려 있다.

이제 우리는 안다.

우리만이 선택한

한 음모를

태양의 계시가 지구 주위를 돌고 있다는 것을

별이란 별은 모두 우리의 주문에 따라

천상에서

지상으로

한계도 없이 주저함도 없이

추락한다는 것을. (본문 63쪽)

3. 네그리튀드에서 크레올리테 혹은 앙티야니테로

오히려 세제르의 네그리튀드는 역설적이게도 사르트르가 지적한 "반정립적 가치"가 다소 소시민적으로 유약하게 동원되고 있다는 점 때문에 비판을 받는다. 다시 말해 유럽이라는 정립을 보다 적극적으로, 그리고 공세적으로 넘어서지 못하고 있다는 것이다. 네그리튀드의 소시민성을 지적하는 대표적인 논객은 파농인데, 그는 네그리튀드가 문화적인 가치의 복권만을 최우선 과제로 설정한 나머지 지나치게 수사적인 차원의 저항을 극복하지 못하고 있다고 비판한다. 파농은 『대지의 저주받은 사람들』(*Les damnés de la terre*, 1961)에서 이렇게 말한다.

자신이 지배하는 영토에 문화가 존재하지 않는다는 점을 내세워 그 지배를 정당화하는 식민지배자는 없다. 그 식민지배자들의 눈에 별반 알려진 바 없는 문화적 가치를 백방으로 알린다고 해서 그자들이 조금이라도 부끄러워하게 될 것이라고 생각하는 것은 오산이다. 식민지 지식인들이 노심초사 문화적인 작업에만 매달리면 매달릴수록 그들이 사용하는 기술과 언어가 식민지배자의 그것을 닮아가게 된다는 것을 깨닫는 데는 그리 오랜 시간이 걸리지 않는다.

이러한 비판의 연장선상에서 라파엘 콩피앙(Raphaël Confiant)과 파트리크 샤모아소(Patrick Chamoiseau) 그리고 장 베르나베(Jean Bernabé)라는 카리브 해의 삼인방은 네그리튀드의 언어적 한계를 갈파한다. 이들은 『크레올리테를 상찬하며』(*Eloge de la créolité*, 1989)라는 공저에서 세제르의 네그리튀드가 불어라는 지배언어로부터의 수사적이고 현학적인 일탈에만 과도한 관심을 쏟은 나머지 문화적 해방의 차원에서는 소기의 목적을 달성하고 있는지 모르지만, 그 해방이 궁극적으로는 또 다른 종속으로 함몰되는 한계를 노출하고 만다고 지적한다. 불어를 정립으로, 네그리튀드를 반정립으로 정식화하는 언어적인 구도는 보다 다양한 언어적 배경을 가지고 있는 카리브 해 민중들의 복잡다단한 염원을 불어식으로만 항구화시키는 단순화를 노정하게 되기 때문이라는 것이다. 따라서 이들은 불어를 부분적으로 변주하기는 했지만, 그 지배언어가 지닌 권력의 자장권을 벗어나는 데 실패한 네그리튀드를 혁파하고 보다 다양한 언어적·문화적 배경에 기초한 '크레올리테'(créolité)를 사용하자고 강권한다. 크레올리테만이 다양한 이산의 역사를 가지고 있는 카리브 해 민중들의 역사적 잡종성 혹은 집체성을 에누리 없이 보여 줄 수 있기 때문이라는 것이다. 에두아르 글리상이 주도하고 있는 '앙티야니테'(antillanité) 역시 마찬가지다. 앙틸리 민중들의 다양한 언어적·역사적 배경을 고려해 볼 때 지배언어에 대한 혐오와 흠모의 양가적 태도를 견지하고 있는 네그리튀드보다 '앙티야니테'를 그 지역의 모국어로 사용하자는 입장이다.

    에메 세제르는 1990년대 초 불어는 억압의 언어로, 크레올은 해방의 언어로 혹은 불어는 엘리트의 언어로, 크레올은 민중의 언어로 단순하게 이분화하는 입장을 강력하게 비판한 바 있다. 그러나 크레올을 사용해 단 한 편의 글도 써본 일이 없는 그가 "크레올은 과학과 기술과 추상의 세계를 표현할 수 없는 언어라서 마르티니크의 국어가 될 수 없다"고 한 카리브 해 라디오 방송국의 한 관계자와 동일한 입장을 견지하고 있는 것은 아닌지 의문이다. 그런 의미에서 루이-장 칼베(Louis-Jean Calvet)가 『언어학과 식민주의』(*Linguistique et colonialisme*, 1974)라는 책에서 전개한 다음과 같은 전언은 세제르 스스로도 깊이 새겨봄 직하다.

    언어라는 상부구조를 뿌리 채 바꾸지 않는 혁명은 식민지 언어를 사용하는 사람들을 위한 혁명이 아니다. 그것은 식민종주국의 언어를 사용해 왔고 지금도 사용하고 있는 사람들만을 위한 혁명에 지나지 않는다.